Inhaltsverzeichnis

Vorwort des Herausgebers

Der Themenkreis »Wissenschaftliches Arbeiten« ist nicht neu. Seit langem ist bekannt, wie wichtig es für ein erfolgreiches Studium ist, über die notwendigen und der Sache angemessenen Instrumente zu verfügen, um die von der Wissenschaft angebotenen Inhalte optimal für sich aufbereiten und in eigene Wissensstrukturen integrieren zu können. Weil dieser Zusammenhang ebenso offensichtlich wie plausibel ist, haben Publikationen zur Einführung in »Wissenschaftliches Arbeiten« nie an Wert und Attraktivität verloren. Wer will nicht Wissen effizient und effektiv nutzen, wer will nicht über grundlegende Studientechniken und Kompetenzen verfügen, die es einem ermöglichen, besser die theoretischen Erkenntnisse und empirischen Befunde zu ordnen, zu verstehen und zu bewerten?

Der Autor verfolgt mit dieser Veröffentlichung die Absicht, sowohl über den aktuellen Stand des wissenschaftlichen Arbeitens im Studium der Pädagogik umfassend und tief greifend zu informieren als auch die anerkannten Anregungen zusammenzutragen und durch praktische Erfahrungen zu ergänzen.

Zweifellos überzeugen die bedarfsgerechten Ausführungen durch ihre Konkretheit und Zweckhaftigkeit und machen damit das vorliegende Buch für Studierende und Lehrende gleichermaßen unentbehrlich. Beide Zielgruppen können für ihre Arbeit von der breiten Palette der Hinweise, Konzepte und Verfahren profitieren, sodass es berechtigt ist, wenn das Buch einerseits als Lehrwerk andererseits als Lernbuch eingesetzt wird. Die vorgestellten und erläuterten Vorschläge basieren auf langfristig bewährten Fundamenten, was für die Leserschaft bedeuten sollte, mit der Umsetzung der einen oder anderen Empfehlung auch den persönlichen Erfolg erwarten zu dürfen. Vor diesem Hintergrund wünscht der Herausgeber dem Buch die Anerkennung, die es verdient.

Bielefeld   *Prof. Dr. Eiko Jürgens*

Vorwort des Autors

Wissenschaftliches Arbeiten ist unabdingbarer Bestandteil jedes erziehungswissenschaftlichen Studiums. Nicht immer besitzen Studierende ausreichende Kenntnisse über grundlegende Aspekte wissenschaftlichen Arbeitens. Anders formuliert: Die diesbezüglich hohen Erwartungen an Studierende beruhen nicht immer auf systematischer Förderung. Der vorliegende Band unterstützt Lehrende wie Studierende bei der systematischen Anwendung wissenschaftlicher Arbeitstechniken.

Inhaltlich liegt das Bemühen zu Grunde, die wesentlichen Aspekte in einem Band zu vereinen und auf weiterführende Literatur jeweils zu verweisen, also eine prägnante Einführung zu ermöglichen. Daher ist das Spektrum der dargestellten Themen recht breit und reicht von ersten Zugängen zum wissenschaftlichen Arbeiten, von Recherchemöglichkeiten im Internet über Hausarbeiten und Referate bis hin zur mündlichen Abschlussprüfung.

Mit diesem Band möchte ich Studierende *und* Dozierende gleichermaßen ansprechen und versuchen, Hinweise und Unterlagen für beide Zielgruppen bereitzustellen. Hierzu können insbesondere die im Anhang abgebildeten Kopiervorlagen eine geeignete Grundlage darstellen, z.B. im Rahmen von Einführungsveranstaltungen in wissenschaftliches Arbeiten.

Ich danke allen Kolleginnen und Kollegen sowie allen Studierenden sehr herzlich, die diesen Band in unterschiedlichster Weise unterstützt und ermöglicht haben. Über Änderungs- und Ergänzungsvorschläge freue ich mich.

Weingarten, im Januar 2005 *Prof. Dr. Thorsten Bohl*

1. Was heißt »wissenschaftlich« arbeiten?

- Eigenständige Gedankenarbeit
- Systematisches und methodisch kontrolliertes Vorgehen
- Allgemeingültigkeit
- Fundierung der Aussagen
- Schreibstil
- Begriffsklarheit
- Formale und technische Aspekte
- Redlichkeit

Wissenschaftliches Arbeiten unterscheidet sich von journalistischem Arbeiten, von Poesie oder alltäglichen Argumentationen im Bekannten- und Freundeskreis – es erfolgt nach bestimmten Merkmalen. Diese sind zwar nicht immer detailliert festgeschrieben, gleichwohl sind die im Folgenden dargestellten Grundzüge allgemein anerkannt.

Wissenschaftliches Arbeiten beruht nicht nur auf der Wiedergabe vorliegender Texte, sondern auf der intensiven und eigenständigen Auseinandersetzung mit fremden Gedanken: Zusammenhänge herstellen, Begriffe durchleuchten, Definitionen analysieren, Argumentationen kritisieren, eigene Perspektiven begründen etc. Die eigenständige Gedankenarbeit ermöglicht nicht nur das Verstehen fremder Gedanken, sondern eröffnet den Blick auf neue Aspekte des Forschungsgegenstandes. Vor dem Hintergrund wissenschaftlicher Ansprüche wird die Innenwelt des Individuums erweitert – eigene Gedanken werden auf ihren Realitätsgehalt überprüft und der Diskussion ausgesetzt (vgl. Sesink 1999, S. 10).

Eigenständige Gedankenarbeit

Das Vorgehen ist systematisch, d.h., Aufbau, Gliederung und Duktus der Arbeit folgen einer inneren Logik, die der Verfasser/die Verfasserin explizit benennt und begründet. Man beschreibt und begründet sämtliche (wesentlichen) Aspekte des Vorgehens – und behält damit die Kontrolle über den Arbeits- und Forschungsprozess. Ein methodisch kontrolliertes Verfahren erleichtert die Nachprüfung und Nachahmung der Forschungsarbeit (z.B. für ähnliche Vorhaben mit anderer Stichprobe). Dies ist eine fundamentale Anforderung an wissenschaftliches Arbeiten, die nicht zuletzt auch die sorgfältige Detailarbeit begründet. Prinzipiell müsste jeder, der denselben methodischen Weg einschlägt zum selben

Systematisches und methodisch kontrolliertes Vorgehen

Ergebnis kommen. Dies ist zwar eine relativ alltagsferne Forderung, sie verdeutlicht jedoch sofort, an welcher Stelle persönliche Wertungen und »Brüche« erkennbar werden. Das systematische Vorgehen erfolgt mit permanentem Blick auf die zu untersuchende Fragestellung. Das Vorgehen ist daher zielorientiert.

Nur mittels eines methodisch kontrollierten Verfahrens kann Allgemeingültigkeit angestrebt werden.

Allgemeingültigkeit   Allgemeingültigkeit ist eng mit dem methodischen Vorgehen verbunden. Für das methodische Vorgehen gelten die testtheoretischen Ansprüche Objektivität, Validität und Reliabilität. Eine Arbeit ist »objektiv«, wenn die Ergebnisse unabhängig von der Person des Wissenschaftlers sind, d.h. andere Personen zum selben Ergebnis kommen würden. »Valide« ist eine Arbeit, wenn sie genau das untersucht bzw. misst, was sie zu messen beansprucht. Beispielsweise ist eine schriftliche Befragung von Schülerinnen und Schülern nicht valide, wenn die Ergebnisse auf Grund mangelnder Sprachkenntnisse – und nicht etwa auf Grund mangelnden Wissens – verfälscht werden. »Reliabilität« ist erreicht, wenn das Verfahren zuverlässig ist, d.h. wenn eine zeitlich nachgeordnete Untersuchung unter gleichen Bedingungen zu identischen Ergebnissen führt. Diese drei Ansprüche sind als Zielsetzungen permanent zu berücksichtigen – obschon sie kaum erreichbar erscheinen. Zur Allgemeingültigkeit zählen zudem Vollständigkeit und angemessen breite Behandlung des Themas, sodass relevante Vorarbeiten berücksichtigt werden.

Fundierung einer Aussage   Wissenschaftliches Schreiben und Argumentieren erfordert eine gewisse Tiefe und Ausführlichkeit. Dies ist notwendig, um Zusammenhänge deutlich zu machen und um nicht in unbewiesenen oder oberflächlichen Behauptungen zu verweilen. Aussagen werden fundiert, indem sie erläutert und begründet, an Theorien angebunden oder mittels empirischer Ergebnisse belegt werden.

Schreibstil   Wissenschaftliches Arbeiten ist von einem spezifischen Schreibstil gekennzeichnet. Die Sprache beruht auf der deutschen Rechtschreibung und Grammatik (Duden). Sie ist verständlich, präzise und schlicht. Der wissenschaftliche Charakter zeigt sich nicht, wie häufig angenommen, in komplizierten, verschachtelten und von Fremdwörtern durchsetzten Sprachkonstruktionen. Gleichwohl wird permanent die Fachsprache verwendet. Dadurch schließt die Arbeit am Stand der Forschung an und eröffnet interessierten Leserinnen und Lesern den fachbezogenen Kontext.

Begriffsklarheit   Wesentliche Begriffe einer Arbeit werden geklärt, d.h. definiert. Unterscheidungen und Abgrenzungen werden deutlich. Mit der begründeten Entscheidung für eine bestimmte Definition positioniert man sich nicht selten auch in theoretischer oder gar wissenschaftstheoretischer Hinsicht. Der Anspruch der Begriffsklarheit führt daher zumeist (d.h. je nach Thema und Forschungsfrage) zu einer Zuordnung zu einer bestimmten Theorie. Selbstverständlich werden nicht alle, sondern lediglich wichtige und häufig verwendete Begriffe definiert. Entscheidende Begriffe sind nicht selten bereits in Titel und Untertitel enthalten.

Zur Berücksichtigung formaler und technischer Aspekte wissenschaftlichen Arbeitens zählen z.B. Zitierung, Paraphrasieren, Literaturverzeichnis, systematisches Vorgehen, sorgfältiges Layout. Sorgfalt und Umsicht während des Arbeitsprozesses zeigen sich an dieser Detailarbeit. **formale und technische Aspekte**

Bestimmte Regeln sichern intellektuelle und wissenschaftliche Redlichkeit. Dabei handelt es sich besonders um den Anspruch, sämtliche Bezugsquellen genau anzugeben. Wer sich fremder Gedanken bedient, ohne dies auszuweisen, begeht geistigen Diebstahl. In diesem Zusammenhang ist das unbelegte Herunterladen anderer Arbeiten oder Teilarbeiten aus dem Internet besonders zu nennen. **Redlichkeit**

Wissenschaftliches Arbeiten ist mehr als die Addition der o.g. Regeln. Im Prozess des wissenschaftlichen Arbeitens und Schreibens offenbaren sich permanent zahlreiche Spannungsfelder, z.B. zwischen Eigeninteresse und Machbarkeit, zwischen eigener Meinung und wissenschaftlicher Begründung, zwischen den vorhandenen Ressourcen und den wissenschaftlichen Ansprüchen, zwischen der Komplexität der Welt und der engen und kleinen Fragestellung oder zwischen der ersten kleinen Idee bis zur Abgabe einer Arbeit. Eine Definition wissenschaftlichen Arbeitens kann sich daher nicht ausschließlich auf den objektiven Charakter von Wissenschaft zurückziehen. Ich schlage folgende Definition wissenschaftlichen Arbeitens vor:

> **Wissenschaftliches Arbeiten zeigt sich in einer systematischen und methodisch kontrollierten Verbindung eigenständiger und kreativer Gedanken mit bereits vorliegenden wissenschaftlichen Befunden. Das Vorgehen ist sorgfältig, begriffsklärend und fach- bzw. disziplinbezogen.**

Wissenschaftliche Arbeitstechniken, die in diesem Band vielfach vorgeschlagen werden, erleichtern und systematisieren die Auseinandersetzung mit einem Gegenstand, ohne jedoch diese fundierte inhaltliche Auseinandersetzung zu ersetzen.

2. Die Wahl des Themas

- Persönliches Interesse
- Neuigkeitsgehalt
- Nutzen der Ergebnisse
- Präzisieren des Gegenstands
- Forschungsmethodische Kompetenz
- Persönliche Ressourcen

Studierende können Themen, mit denen sie sich im Laufe ihres Studiums intensiver auseinander setzen häufig selbst oder zumindest mitbestimmen. Bei Hausarbeiten oder Referaten, insbesondere jedoch bei wissenschaftlichen Abschlussarbeiten beginnt der Arbeitsprozess mit der Themenwahl. Obschon sich die genauere Struktur und inhaltliche Substanz des Themas erst im Laufe der intensiveren Bearbeitung herauskristallisieren, erfordert die Themenwahl einige grundlegende Vorüberlegungen.

Persönliches Interesse

Das Thema der geplanten Arbeit sollte persönlich als interessant und motivierend empfunden werden, sodass auch über einen längeren Zeitraum hinweg die Motivation erhalten bleibt. Es lohnt sich daher, frühzeitig zu prüfen, ob ein Thema wirklich geeignet ist, einige (Lebens-)Zeit hierfür zu investieren. Gleichzeitig sollte die notwendige Distanz zum Thema vorhanden sein*, sodass sachliche Bearbeitung und Korrektur des Weges unabhängig von persönlichen Präferenzen und Interessen möglich sind. Dies lässt sich präziser formulieren: Es geht um wissenschaftliches Arbeiten mit wissenschaftlichen Ansprüchen, nicht um persönliche Glaubensbekenntnisse (Peterßen 1987, S. 20). Zudem sei davor gewarnt, ernste persönliche Probleme in eine wissenschaftliche Frage umzuformulieren und als Lösungshoffnung eine Abschlussarbeit zu verfassen.

---

* Ein Distanz- und Rollenproblem ergibt sich etwa bei Lehrerinnen und Lehrern, die in einer wissenschaftlichen Arbeit ihren eigenen Unterricht untersuchen: Unerwartete Ergebnisse stellen dann möglicherweise die eigene Tätigkeit in Frage. Zudem ist der Rollenkonflikt zwischen der Forschungsarbeit und der beruflichen Arbeit kaum trennbar (z.B. bei Befragung einiger Schülerinnen und Schüler). Dies sollte im Methodenkapitel der Arbeit reflektiert werden.
Diese Problematik wird beispielsweise bei Altrichter (1990) erörtert.

Sofern möglich, sollte die Arbeit neue Aspekte enthalten (Eco 1992, S. 41f.). Es ist immer möglich, ein Thema unter einer bestimmten Fragestellung zu betrachten, einen neuen Zusammenhang herzustellen, neue erfahrungsbezogene Aspekte zu integrieren, einen Begriff kritisch zu durchleuchten etc. Andererseits sollte dies nicht dazu führen, sofort nach neuen Erkenntnissen zu streben und grundlegende Begriffsklärungen zu vernachlässigen. Bei anspruchsvollen Themen ist es bereits eine hohe Leistung, Begriffe und Systematiken zu durchdringen und mit eigenen Worten zu beschreiben. Der Neuigkeitsgehalt steht bei wissenschaftlichen Hausarbeiten weniger im Vordergrund als bei Abschlussarbeiten.

Neuigkeitsgehalt

Die Arbeit wird aufgewertet wenn die Ergebnisse von Nutzen sind (Eco 1992, S. 42). Damit ist nicht ein Plädoyer für schnelle Verwertbarkeit gemeint. Im engen Sinne kann man festhalten, dass z.B. Referate für die Zuhörerinnen und Zuhörer von Nutzen sein sollten. Schriftliche wissenschaftliche Arbeiten sollten für die Fachwelt von Nutzen sein, dies gilt vorwiegend für Abschlussarbeiten. Aber auch Hausarbeiten können den wissenschaftlichen Diskurs bereichern. Ein Nutzen entsteht z.B. wenn eine Arbeit für eine Schule, eine soziale Institution oder deren Mitglieder Gewinn bringend ist.

Nutzen der Ergebnisse

Es genügt nicht, ein grobes Thema zu benennen. Bereits bei der Wahl des Themas sollten Sie bedenken, auf welche Weise präzise Fragestellungen entstehen könnten. Die Untersuchung behandelt einen genau umrissenen Gegenstand (vgl. Eco 1992, S. 38). D.h., man beschäftigt sich zunächst mit der Auswahl und Konkretisierung des Themas. Dabei sind eine oder mehrere genaue Fragestellungen herauszuarbeiten, die untersucht werden sollen und in der Regel durch Hypothesen zu konkretisieren sind. Dies hört sich zunächst einfach an, setzt jedoch eine eingehende Beschäftigung mit dem Thema und dem Forschungsstand voraus. Es macht wenig Sinn, eine Frage zu formulieren, die zu banal ist oder bereits seit langem beantwortet wurde.

Präzisieren des Gegenstands

Die Bearbeitung des Gegenstandes verläuft methodisch kontrolliert (s.o.) und erfordert daher, insbesondere in empirischen Arbeiten, eine bestimmte forschungsmethodische Kompetenz. Die Themenwahl genügt noch nicht, um »starten« zu können, vielmehr sind eine oder mehrere leitende Fragestellungen zu entwickeln zu deren Klärung ein bestimmtes Untersuchungsinstrumentarium notwendig ist. Hier stellt sich die Frage *Ihrer* forschungsmethodischen Kompetenz: Wie führt man ein Interview durch? Wie interpretiere ich eine Originalquelle? Wie beobachte ich Unterricht? Wie entwickle ich einen Fragebogen? Möglicherweise sollten Sie das Thema oder die zu untersuchenden Fragen verändern – oder sich die notwendige forschungsmethodische Kompetenz aneignen.

Forschungsmethodische Kompetenz

Die Wahl des Gegenstandes ergibt sich nicht nur aus der wissenschaftlichen Sachlage, sondern auch aus den persönlich verfügbaren

Persönliche Ressourcen

Ressourcen. Die realistische Einschätzung der persönlichen Lebens- und Arbeitssituation während des Schreibprozesses gehört zu den größten Schwierigkeiten zu Beginn der Arbeitsphase. Der Begriff »Ressourcen« ist dabei breit zu verstehen: persönliche Energie, verfügbares Zeitbudget, bereits erbrachte und nutzbare Vorarbeiten, persönliche Unterstützung, verfügbare Quellen und Materialien, Arbeitsplatz, ausreichende Computerausstattung, Beratung durch die betreuenden Dozierenden, Ausstattung örtlicher und zugänglicher Bibliotheken, finanzielle Mittel zum Erwerb von Literatur etc.

Die Wahl des Themas führt zu einem Arbeits- und Schreibprozess, in dem unter Verwendung von Fachbegriffen eine Art Diskurs entsteht (Kiel 2001, S. 56). Unter Einhaltung bestimmter Regeln wissenschaftlichen Arbeitens setzt man sich mit Inhalten, mit Autorinnen und Autoren und letztlich permanent mit der eigenen Position auseinander. Fragen werden formuliert, Hypothesen aufgestellt und verworfen. Entlang dem roten Faden erfolgt ein Klärungsprozess, der zu neuen Erkenntnissen führen kann, in jedem Fall den eigenen Horizont erweitert.

3. Zum Prozess des wissenschaftlichen Arbeitens

- Phasen
- Textsorten
- Recherche und Bestellmöglichkeiten (im Internet)
- Lesetechniken
- Textmarkierungen und -anmerkungen
- Grundformen wissenschaftlichen Schreibens
- Exzerpt
- Mitschrift
- Exposé
- Zitierung
- Literaturverzeichnis
- Angabe und Glaubwürdigkeitsprüfung von Internetquellen

Phasen

Der Prozess des wissenschaftlichen Arbeitens ist Voraussetzung für Referate, für deren Verschriftlichung sowie für Haus- und Abschlussarbeiten. Er verläuft in mehreren Phasen (Abb. 1, S. 18).

Die Phasierung verläuft jedoch nicht zwingend chronologisch. Beispielsweise können bereits abgeschlossene Kapitel frühzeitig zum Korrekturlesen gegeben werden, dies spart später Zeit. Häufig überarbeitet man die Gliederung im Laufe des Schreibprozesses, veränderte inhaltliche Wege erfordern erneute Lektüre – weitere Recherchen werden notwendig.

Nicht zwingend chronologisch

An dieser Stelle sollen einige Hinweise* zu diesen Phasen genügen:

Hinweise

- Den beiden ersten Orientierungs- und Strukturierungsphasen sollte eine gute Kenntnis der erreichbaren Bibliotheken vorausgehen (→ Kopiervorlage 1, S. 116). Alle Hochschulbibliotheken bieten zu diesem Zweck regelmäßig Führungen an.
- Recherchieren ist heute vergleichsweise leicht und inzwischen fast durchwegs elektronisch möglich. Der schnelle Zugriff auf Literatur verstellt jedoch den Blick für die weitaus schwierigere Auswahl. Daher

---

*   Ausführliche Erläuterungen geben z.B. Topsch (2000, S. 17–30) und Bünting u.a. (1996, S. 76–119).

Abb. 1

Phasen wissenschaftlichen Arbeitens

Phasen	Beispiele/Konkretisierung
1. orientieren	<ul><li>einen groben Überblick verschaffen (Lexika, Nachschlagewerke, FIS-Bildung etc.)</li><li>einen ersten Gliederungsentwurf erstellen</li><li>Berater kontaktieren, evtl. Fernleihe initiieren</li></ul>
2. Thema strukturieren und Material sammeln	<ul><li>intensiv lesen</li><li>Fragen formulieren</li><li>den roten Faden entwerfen</li><li>bibliografieren</li><li>Karteien oder Dateien anlegen</li><li>evtl. empirische Erhebungen durchführen</li><li>Strukturierungshilfen nutzen (Mindmap, Strukturpläne)</li></ul>
3. Schreibkonzept erstellen	<ul><li>Literatur und Daten auswerten</li><li>den roten Faden konkretisieren</li><li>eine Gliederung erstellen</li><li>den Seitenumfang sichten</li></ul>
4. schreiben	<ul><li>den roten Faden (und evtl. mehr) verschriftlichen</li><li>Nebentätigkeiten erledigen (z. B. Gliederung überprüfen, Literaturverzeichnis aktualisieren)</li></ul>
5. Endredaktion	<ul><li>inhaltliche Struktur (Widersprüche, Brüche etc.) prüfen</li><li>Überarbeiten (Layout, Rechtschreibung, Stil etc.)</li><li>wenn möglich Korrektur lesen lassen</li></ul>
(ver. n. von Werder 1996, S. 434f.)	

ist es effektiv, in die Präsenzbibliothek zu gehen, quer zu lesen, Notizen zu machen etc. Planen Sie daher bewusst Zeit für die Entscheidung ein, mit welcher Literatur Sie intensiv arbeiten möchten. Holen Sie ggf. Hilfe bei einem Betreuer oder einer Betreuerin ein, sodass Sie über gute Entscheidungskriterien verfügen (z.B. Aktualität, wissenschaftlicher Hintergrund einer Autorin).

- Machen Sie sich möglichst mit sämtlichen elektronischen Recherche- und Bestellmöglichkeiten vertraut. Beantragen Sie frühzeitig Passwörter etc. Besonders wertvoll sind Dokumentenlieferdienste (z.B. Subito), Fernleihen, Datenbanken und weitere Serviceeinrichtungen der Bibliotheken.

- Erkunden Sie frühzeitig, welche Lexika und Fachzeitschriften für Ihr Fach und Ihr Fachgebiet vorhanden und wichtig sind. Nehmen Sie sich regelmäßig Zeit, um Fachzeitschriften durchzusehen. Überlegen Sie, ob es möglich ist, eine wichtige Fachzeitschrift zu abonnieren. Erkundigen Sie sich bei einem Dozenten/einer Dozentin, welche Zeitschrift empfehlenswert und für Ihre Studienzwecke Gewinn bringend ist.

- Analysieren Sie die einschlägigen Fachzeitschriften, damit Sie nicht eine oder mehrere wesentliche übersehen (→ Kopiervorlage 2, S. 117).
- Suchen Sie für sich eine realistische Kombination aus Vorstrukturierung und kreativer Schreibarbeit. Die vorbereitete Gliederung soll stabilisieren und unterstützen, nicht einschränken.
- Erstellen Sie für schriftliche Arbeiten, insbesondere für Abschlussarbeiten einen Zeitplan, der sich insbesondere am Aufwand für die Erstellung des roten Fadens orientiert (→ Kopiervorlage 3, S. 118; vgl. Kap. 8).
- Überlegen Sie frühzeitig, auf welche Weise und in welchen Abständen Sie Ihre Daten sichern möchten (CD-Rom, Universitätsserver, externe Festplatte). Der Verlust von Daten ist extrem nervenaufreibend und zeitraubend. Legen Sie zudem Sicherheitskopien an. Die automatische Zwischenspeicherung in WORD ist beispielsweise beim Absturz des Rechners nicht zwangsläufig wieder herstellbar.
- Unterschätzen Sie den Zeitaufwand für die Endredaktion nicht. Zwischen dem (vermeintlich) letzten geschriebenen Wort und der fertigen Abgabeversion liegen zahlreiche aufwändige Arbeitsschritte. Nicht selten hört man zudem in dieser Phase von Computer- und Druckerproblemen.

Textsorten

Im Rahmen des Studiums spielen wissenschaftliche Texte und der Umgang damit eine wichtige Rolle. Wissenschaftliche Texte sind Sachtexte und unterscheiden sich von journalistischen, literarischen oder fiktionalen Texten. Intention und Struktur eines Textes werden klarer, wenn man die Textsorte und die innere Struktur zuordnen und richtig nutzen kann.

Jede Textsorte hat eine bestimmte Funktion. So ist ein Handbuch gut als Einstieg in ein Thema geeignet, während ein Essay bestimmte Aspekte vertiefend aufgreift (Abb. 2, S. 20). Die aufgelisteten Textsorten sind auf diejenigen begrenzt, die im erziehungswissenschaftlichen Studium wesentlich sind.

spezifische Funktionen und …

Texte haben eine unterschiedliche innere Struktur (Abb. 3, S. 21), die zuweilen vermischt oder additiv zusammengeführt werden, etwa wenn in einem Artikel einer Fachzeitschrift zunächst der Forschungsstand beschrieben wird und abschließend konkrete handlungsleitende Hinweise für Lehrkräfte formuliert werden.

… innere Struktur

Ein reflektierter Wechsel der inneren Struktur oder ein gezielter Hinweis auf eine bestimmte Textsorte innerhalb eines Referates oder einer Hausarbeit zeugt von einem souveränen Arbeitsprozess.

Abb. 2:
Textsorten

Textsorte	Erläuterung
Abstract	Zusammenfassung z.B. von Monografien in Zeitschriften.
Almanach	Überblick mit Leseproben z.B. von Aufsätzen in Fachgebiets-almanachen.
Annalen	Jahrbücher mit chronologischer Darstellung historischer Ab-läufe.
Apologie	Rechtfertigung, Rede oder Schrift zur Verteidigung einer Mei-nung, Person oder Handlung.
Appendix	Anhang am Ende eines Buches, enthält z.B. Tabellen, Quellen.
Bericht	Berichte informieren und legen Rechenschaft über etwas ab.
Bibliografie	Verzeichnis von Literaturnachweisen.
Chronik	Zeitlich angeordnete Darstellung zumeist historischer Abläu-fe, größere Zeiträume als Annalen.
Diarium	Tagebuch, i.d.R. eine persönliche Aufzeichnung in chronologi-scher, aber unregelmäßiger Abfolge.
Diskurs	Allg.: Abhandlung, Erörterung; wiss.: Auseinandersetzung um die Suche nach Geltungsansprüchen wissenschaftlicher Be-hauptungen (n. Habermas).
Dokumentation	Allg.: Sammlung, Erschließung, Ordnung und Bereitstellung von Dokumenten.
Enzyklopädie	Umfassende und übersichtliche Gesamtdarstellung des Wis-sens einer Zeit oder eines Fachgebietes.
Essay	Kürzere Abhandlung über einen wiss. Gegenstand in geist-reicher Form bei bewusst gewählter Subjektivität der Auffas-sung.
Exkurs	In sich geschlossene, wissenschaftliche Abhandlung, i.d.R. in den Text eingeschobene kürzere Abschweifung.
Exposé	Entwurf zur Erläuterung eines Planes, i.d.R. als Diskussions- und Arbeitsgrundlage, i.G. zu den dt. Begriffen »Plan« und »Entwurf« den offenen und kreativen Charakter betonend.
Fallbeispiel	Darstellung, Analyse, Interpretation und Bewertung einer ein-zelnen Situation, Person, Handlung.
Glossar	Alphabetisch geordnetes Wörter- und Begriffsverzeichnis
Handbuch	Zusammenfassung wesentlicher Erkenntnisse und Gegen-stände eines Teils eines Fachgebietes, als Einstieg in ein The-ma gut geeignet.
Hausarbeit	Schriftliche Arbeit im Studium mit dem Ziel, sich mit wissen-schaftlichem Arbeiten vertraut zu machen.
Index	Inhaltsverzeichnis oder alphabetisches Stichwort-, Sach- und Namensregister.
Jahrbuch	Periodisch erscheinende Veröffentlichung zu bestimmtem Fachgebiet.

Textsorte	Erläuterung
Kommentar	Erläuterung, Stellungnahme zu einem Text.
Kompendium	Ein kurzes Handbuch, i.d.R. zum Zwecke des (schnellen) Lernens, z.B. als Prüfungsvorbereitung.
(Seminar-)Mitschrieb	I.G. zum Protokoll nicht vollständig, sondern mit persönlicher Gewichtung versehen und für weitere Verwendung (Nachbereitung, Prüfung) gedacht.
Monografie	In sich geschlossene, möglichst umfassende Darstellung eines einzelnen wissenschaftlichen Gegenstandes.
Protokoll	Niederschrift eines Ereignisses im Verlauf und/oder im Ergebnis.
Referat	Schriftliche Arbeit über ein bestimmtes mündlich vorgetragenes Thema; i.d.R. mehr als ein Bericht, enthält also auch eine Analyse und pers. Stellungnahme.
Repetitorium	Ähnlich Kompendium, wissenschaftliche und übersichtliche Zusammenfassung zum Zwecke des schnellen Nachschlagens und Lernens.
Rezension	Buchbesprechung, Textkritik.
Supplement	Ergänzungsband eines mehrbändigen Werkes.
Synopse	Vergleichende Übersicht mehrerer Sichtweisen zu einem Gegenstand.
Thesaurus	Umfassendes Wörterbuch als Sammelband aller Wörter einer Fachsprache.
Thesenpapier	Setzung, Behauptung; These: ein Satz, der eines Beweises bedarf; ein Thesenpapier dient als Diskussionsgrundlage.
(ver. n. Stary/Kretschmer 1994, S. 20ff.)	

Abb. 2 (Forts.)

Texttypen	Charakteristik	Beispiele
Instruierende Texte	zum Handeln anleiten	• vereinfachte Ratschläge • Anweisungen zur Durchführung einer Untersuchung
Deskriptive Texte	differenziert beschreiben	• Beschreibung einer Unterrichtsstunde
Narrative Texte	berichten, erzählen	• von Erfahrungen im Unterricht berichten
Expositorische Texte	erklären, darlegen, erörtern	• Zusammenhänge erklären • Theorien vorstellen
Argumentierende Texte	kritisch prüfen, begründen	• Begriffe hinterfragen • Standpunkte begründen

Abb. 3:

Innere Struktur von Texten

Recherche und Bestellmöglichkeiten (im Internet)

Recherche- und Bestellmöglichkeiten haben sich im Zeitalter des Internets rapide erweitert und sind inzwischen komfortabel und effektiv nutzbar. Diesem Vorteil steht eine große Unübersichtlichkeit gegenüber – man läuft immer Gefahr, wesentliche Rechercheorte und damit potenziell wichtige Literatur oder Materialien zu übersehen.

Von der ersten Suche zu systematischen Recherchen

Der erste Recherchezugang erfolgt in der Regel über das Katalogsystem der Universitäts- bzw. Hochschulbibliothek (z.B. OPAC), sowie über die jeweiligen lokalen oder regionalen Bibliotheken (z.B. Landesbibliotheken, Bibliotheksverbünde). Die folgenden Hinweise ermöglichen eine weiterführende systematische Recherche, ohne allerdings Vollständigkeit zu beanspruchen. Sie beziehen sich auf erziehungswissenschaftliche Informations- und Recherchemöglichkeiten.*

Bibliothek der bildungsgeschichtlichen Forschung
www.bildungsserver.de/zd/
Die Bibliothek erfüllt dokumentarische und archivarische Aufgaben und versteht sich als Kommunikationszentrum für historische Bildungsforschung. Fernleihe und Bestellung von Aufsatzkopien (3 Euro pro Artikel zzgl. Porto) sind online möglich. Links führen zu weiteren Seiten mit bildungshistorischem Schwerpunkt.

Bundesministerium für Wissenschaft, Forschung und Kunst
www.bmbf.de
Das Bundesministerium für Wissenschaft, Forschung und Kunst sowie die entsprechenden Landesministerien (z.B. in Nordrhein-Westfalen: www.mwf.nrw.de) bieten Informationen und Service wie eigene Veröffentlichungen oder Berichte aus laufenden Forschungsprojekten (häufig kostenlos).

Deutsche Gesellschaft für Erziehungswissenschaft (DGFE)
www.dgfe.de
DGFE ist die Fachvereinigung der Erziehungswissenschaft in Deutschland. Die Seite bietet nützlichen Service, z.B. das Adressbuch Erziehungswissenschaft mit Verweisen auf Personen und Institutionen (z.B. Ministerien, Landesinstitute, Erziehungswissenschaftliche Institute der Universitäten). Weitere Informationen und Links: Veranstaltungskalender, DGfE-Informationen.

---

* Die Hinweise sind zum Teil den jeweiligen Internetorten entnommen. Die Angaben wurden im Oktober 2004 letztmals überprüft. Die folgenden Angaben sind alphabetisch angeordnet.

Deutscher Bildungsserver (DBS)

www.bildungsserver.de

Der DBS enthält Informationen und Materialien für Schule, Wissenschaft und Bildung. Für wissenschaftliche Arbeiten sind vorrangig die Links zu anderen wissenschaftlichen Einrichtungen und Forschungsstatistiken interessant. Alle Bundesländer verfügen über ähnlich strukturierte Landesbildungsserver, z.B. Baden-Württemberg (www.bw.schule.de), Schleswig-Holstein (www.lernnetz-sh.de).

Deutsches Institut für Pädagogische Forschung (DIPF) Frankfurt

www.dipf.de/index.htm

Das DIPF kombiniert Service mit Forschung, bietet wertvolle Links, z.B. zu weiteren, auch internationalen Datenbanken, zur Bildungsgeschichte und zu eigenen Publikationen.

Education Systems International

www.dipf.de/datenbanken/IZB_educationworldwide_ines.htm

Die Seite bietet Links und Informationen zu internationalen Erziehungs- und Bildungssystemen (230 Länder und Regionen).

Elektronische Zeitschriftenbibliothek

www.rzblx1.uni-regensburg.de/ezeit/

Hier sind pädagogische Zeitschriften enthalten, allerdings in unterschiedlicher Zugänglichkeit (frei oder eingeschränkt). Die zugänglichen Artikel sind nicht als Download verfügbar, können jedoch eingesehen werden. Die elektronische Zeitschriftenbibliothek ist weniger mit Blick auf führende deutsche erziehungswissenschaftliche Zeitschriften interessant als vielmehr auf Grund internationaler (sonst nur schwer zugänglicher) oder historisch interessanter Periodika.

Erziehungswissenschaftliche Zeitschriften

www.bildungsserver.de/dgfe/zeitschriften.htm

Hier findet sich eine Liste aktueller erziehungswissenschaftlicher Zeitschriften mit Beschreibung, Links und weiteren Informationen.

Fachinformationssystem Bildung (FIS)

www.fis-bildung.de

Das Fachinformationssystem FIS Bildung ist ein Verbund von ca. 30 Dokumentationseinrichtungen aus Deutschland, Österreich und der Schweiz. Recherche ist online oder über CD-Rom (Literaturdatenbank, sowie Datenbank Schulpraxis) möglich. Die Datenbank enthält mehr als 500.000 Literaturnachweise. FIS ist der umfassendste Informationsdienst zu bildungsbezogener Literatur im deutschsprachigen Raum. Der Zugang ist über Lizenzen geregelt. Für Einzelrecherchen privater Personen bietet sich die einwöchige Kurzlizenz (15,34 Euro) an. Die CD-Rom erscheint einmal im Jahr. Die Preise sind gestaffelt (Standardabo CD-Rom 230,08 Euro), für Studierende und Mitglieder der DGFE gilt ein Sonderpreis von ca. 20 Euro.

Historische Bildungsforschung online (HBO)
www.bbbf.dipf.de/hbo/haupt.htm
HBO ist ein Forum für deutschsprachige bildungshistorische Informationen und Berichte im WWW. HBO wird getragen von der Bibliothek für bildungsgeschichtliche Forschung des DIPF und der Sektion Historische Bildungsforschung der DGFE.

Informationsverbund für Pädagogik, Sozialwissenschaft und Psychologie in Deutschland (Infoconnex)
www.infoconnex.de
Infoconnex ist der Informationsverbund für Pädagogik, Sozialwissenschaften und Psychologie in Deutschland und integriert Fachinformationen und interdisziplinäre Informationen. Von hier aus sind Recherchemöglichkeiten über Schlagwortsuche sowie Datenbankzugänge möglich (z.T. gegen geringe Gebühr).

Informationszentrum Sozialwissenschaften (GESIS)
www.gesis.org/iz/index.htm
Das Informationszentrum Sozialwissenschaften (IZ) dokumentiert und vermittelt Informationen zum Stand der Forschung und zur Literatur für den Bereich der Sozialwissenschaften in den deutschsprachigen Ländern, sowie zu sozialwissenschaftlichen Forschungsaktivitäten in Osteuropa. Zugänglich sind u.a. forschungsmethodische Beratungen, Literatur- und Forschungsinformationen und Zeitschriftendatenbanken in der Schweiz, in Österreich und in Deutschland.

Max Planck Institut für Bildungsforschung Berlin (MPIB)
www.mpib-berlin.mpg.de/index_js.htm
Die Seite bietet Informationen zu empirischen Forschungsarbeiten und Schulleistungsvergleichsstudien z.B. PISA, TIMSS, sowie Verweise auf eigene Publikationen u.a.

Sammelschwerpunkt Bildungsforschung im Rahmen des Projekts WEBIS der DFG (Sammelschwerpunkt an deutschen Universitäten)
webis.sub.uni-hamburg.de/ssg/bib.29/ssg.5_3
Das Sondersammelgebiet Bildungsforschung wird seit 50 Jahren im Auftrag und mit finanzieller Unterstützung der Deutschen Forschungsge-

meinschaft (DFG) von der Universitätsbibliothek Erlangen-Nürnberg betreut. Es sammelt und erschließt zum Zweck der flächendeckenden Literaturversorgung in Deutschland umfassend die Veröffentlichungen des In- und Auslandes einschließlich der außerhalb des Buchhandels publizierten Literatur. Dabei wird auf einen Bestand an pädagogischer Literatur des 18. und 19. Jahrhunderts aufgebaut.

Service-Einrichtung Erziehungswissenschaftlicher Informationsdienst (SE EWIFIS)
www.fu-berlin.de/ewifis/
Diese Seite enthält zahlreiche Informationen, z.B. eine Liste relevanter Fachzeitschriften, fachspezifische Adressen im In- und Ausland.

Statistisches Bundesamt und statistische Landesämter
www.destatis.de/themen/d/them_bildung.htm
Das statistische Bundesamt stellt aktuelle und leicht zugängliche Daten zum Bildungswesen (z.B. aktuelle Schülerzahlen) zur Verfügung. Ähnlich hilfreich sind die Seiten der Statischen Landesämter (z.B. http://www.statistik.baden-wuerttemberg.de) mit Landes- und Regionaldaten. In vielen Fällen kann spezifisches Datenmaterial (z.B. zur Festlegung einer Stichprobe) direkt angefordert werden.

Sozialwissenschaftliches Literaturinformationssystem (SOLIS)
www.gesis.org/Information/SOLIS/
SOLIS informiert über deutschsprachige fachwissenschaftliche Literatur, d.h. über Aufsätze in Zeitschriften, Beiträge in Sammelwerken, Monografien und Graue Literatur (einschließlich unveröffentlichter DDR-Forschungsberichte) aus mehreren Fachgebieten (u.a. Bildungsforschung, Methoden der Sozialwissenschaft).

SUBITO (Dokumentenlieferdienst)
www.subito-doc.de
SUBITO ist ein Recherche- und Lieferdienst für Aufsätze und Bücher, die direkt per Internet bestellt und zügig (per Mail, Fax oder Post) geliefert werden. Die Lieferung kostet für Studierende € 3 (1–20 Seiten, per Mail, anschließend wird nach weiteren Seitenzahlen abgerechnet). Notwendig ist eine Anmeldung mit Kunden- und Passnummer. Der Zugang ist auch als Gast möglich.

Verzeichnis lieferbarer Bücher
www.buchhandel.de
Die Seite enthält Recherche- und Bestellmöglichkeiten lieferbarer Bücher, Filme, DVDs etc.

Zeitschriften Datenbank (ZDB)

pacifix.ddb.de:7000/DB=1.1/SRT=YOP/

Die ZDB ist die weltweit größte Datenbank für Titel- und Besitznachweise fortlaufender Sammelwerke, also von Zeitschriften, Zeitungen usw. Dazu gehören nicht nur Printwerke, auch Titel elektronischer Zeitschriften sind zu finden. Die ZDB befindet sich in Trägerschaft der Staatsbibliothek zu Berlin und wird von der Deutschen Bibliothek betrieben. Die ZDB umfasst mehr als 1,1 Mio. Titel in allen Sprachen von 1500 bis heute und weist zu diesen Titeln den Besitz von ca. 4300 deutschen Bibliotheken nach. Die ZDB verzeichnet keine Aufsatztitel.

Zeitungsdokumentation Bildungswesen (ZEIT-DOK)

www.bildungsserver.de/zd

Die Seite bietet eine Bestellmöglichkeit für Einzelartikel gegen geringe Gebühr, sowie eine kostenlose jährliche Übersicht (als PDF-Datei). Recherchemöglichkeiten erfolgen über Freitextsuche.

Zentrales Verzeichnis antiquarischer Bücher (ZVAB)

www.zvab.com

Hier bestehen Recherche- und Bestellmöglichkeiten für antiquarische Bücher.

Lesetechniken

Textverstehen setzt sinnentnehmendes Lesen voraus. Lesen ist zeitaufwändig und erfordert Konzentration, vor allem dann, wenn man wirklich etwas dabei lernen möchte und nicht nur auf zentrale Ergebnisse aus ist. Aus der Vielzahl unterschiedlicher Lesehilfen (vgl. z.B. Stary/Kretschmer 1994, S. 60ff.), stelle ich im Folgenden drei Beispiele vor.

Die Lesehilfe in Abb. 4, S. 27, ist in grundlegende Schritte eingeteilt. Die ersten beiden Schritte dienen dazu, einen Text zu überfliegen und wesentliche Aussagen zu erfassen, also zu erschließen, ob eine intensive Lektüre notwendig ist.

Lesen ist ein aktiver Konstruktions- und Interpretationsprozess

Anschließend genügt es nicht mehr, einen Text nur zu überfliegen. Verstehendes Lesen erfordert nicht nur lexikalische, grammatikalische und syntaktische Sprachkenntnisse, wie lange angenommen wurde, sondern bedarf eines aktiven Konstruktions- und Interpretationsprozesses (vgl. Kühn 2003). Ein ruhiges und verständliches Layout mit gezielt eingesetzten Abbildungen und Hervorhebungen erleichtert das Lesen.

Das zweite hier vorgestellte Beispiel ist die bekannte PQ4R-Methode (Abb. 5, S. 27), die auch in Einführungen in die Erziehungswissenschaft empfohlen wird (z.B. bei Gudjons 2001, S. 12).

Schritte	Konkretisierung
1. *Überblick verschaffen*	• bei Artikeln: Überschriften und Unterüberschriften • bei Büchern: Inhaltsverzeichnis, Gliederung • bei Büchern: Vorwort • Einleitung und Schluss
2. *Querlesen*	• inhaltlich orientieren • Worum geht es? • bestimmte Begriffe erfassen • zentrale Aussagen
3. *Nachdenken*	• interessante Aspekte • Widersprüchliches • Fragen
4. *Lesen*	• konzentriert lesen • Text markieren • Textsorten, -typen, zentrale Begriffe, Reflexionsebenen beachten
5. *Wesentliches schriftlich festhalten*	• eine Zusammenfassung schreiben • Widersprüche, Kommentare, Fragen notieren • Was kann ich wiedergeben?
6. *Fazit*	• Was bleibt? Was folgt (für mich)?

Abb. 4:

Mögliche Schritte zum sinnentnehmenden Lesen

Lesehilfe – Beispiel 1

Schritte	Konkretisierung
1. *Vorausschau* (**P** wie Preview)	Überfliegen Sie ein Kapitel, stellen Sie die wichtigsten Abschnitte fest, und wenden Sie dann für *jeden Abschnitt* die folgenden fünf Schritte an.
2. *Fragen* (**Q** wie Questions)	Überlegen Sie eigene Fragen oder einfacher: Formulieren Sie Abschnittsüberschriften neu in Frageform.
3. *Lesen* (**R** wie Read)	Lesen Sie am besten mit dem Bleistift (und Leuchtmarker) in der Hand für Randnotizen.
4. *Nachdenken* (**R** wie Reflex)	Machen Sie beim Lesen öfter eine Pause, und denken Sie über das Gelesene nach. Vielleicht überlegen Sie sich Beispiele. Setzen Sie den Text in jedem Fall aber zu Ihrem Vorwissen in Beziehung.
5. *Wiedergeben* (**R** wie Recite)	Versuchen Sie ganz einfach, die im Textabschnitt enthaltenen Informationen mit eigenen Worten wiederzugeben. Beantworten Sie dabei die Fragen, die Sie sich zu dem Abschnitt überlegt haben. Wenn Ihnen nicht genug einfällt, lesen Sie einzelne Passagen noch einmal.
6. *Rückblick* (**R** wie Review)	Gehen Sie das Kapitel noch einmal gedanklich durch. Rufen Sie sich die wesentlichen Punkte ins Gedächtnis. Manchmal hilft es sehr, dabei das Buch einfach zuzuklappen.

Abb. 5:

PQ4R-Methode

Lesehilfe – Beispiel 2

Im Unterschied zum ersten Beispiel liegt der Schwerpunkt hier bei der expliziten Abschnittsbetrachtung. Textabschnitte sind die kleinste Analyseeinheit, an welche Fragen, Denk- und Wiedergabeprozesse geknüpft sind. Die Vorgehensweise ist dadurch klar strukturiert. Der zweite Schritt (Fragen formulieren) zwingt zudem zu einer scharfen inhaltlichen Analyse von Textabschnitten. Damit der gesamte Zusammenhang des Textes nicht aus dem Blick gerät, ist der sechste Schritt (Rückblick) unverzichtbar – hier erfolgt nochmals, über die einzelnen Abschnitte hinaus, eine Gesamtbetrachtung des Textes.

Eine weitere hilfreiche und schnelle Technik besteht darin, sofort »W«-Fragen an den Text zu richten (Abb. 6).

Abb. 6:

**Mögliche
»W«-Fragen an
einen Text**

Lesehilfe – Beispiel 3

Frage		Beispiele
Wer	ist der Autor?	● Beruflicher Hintergrund ● Weitere Veröffentlichungen
Wann	wurde der Beitrag geschrieben?	● Zeitgenössischer Kontext? ● Immer noch aktuell?
Weshalb	wurde der Beitrag geschrieben?	● Forschungsdefizit ● Replik ● Persönliche Erfahrungen
Was	ist das zentrale Anliegen?	● Wesentliche Ergebnisse ● Zusammenfassung
Wie	kommt der Autor zu seinen Ergebnissen?	● Empirische Studien ● Argumentation? Beispiele
Welche	Auswirkungen hatte der Beitrag?	● Fachdiskussion ● Repliken ● Rezensionen
(vgl. Werder 1996, S. 281f.)		

In den meisten Fällen werden wissenschaftliche Texte gelesen, um sie für den eigenen Zusammenhang (z.B. Abschlussarbeit) zu verwenden. Es stellen sich also weitere Fragen zur persönlichen Relevanz des Textes:

● In welchem Verhältnis steht die zentrale Aussage des gelesenen Textes zu meiner eigenen Arbeit?
● Was bleibt für mich persönlich »hängen«?
● Was muss ich tun, damit ich das Wesentliche behalten kann?
● Welche inhaltlichen Aspekte kann ich konkret für meinen Schreibprozess verwenden?

**Lesehilfen zur
Strukturierung**

Die beschriebenen Lesehilfen unterstützen beim Durcharbeiten eines Textes, sie entlasten jedoch weder vom intensiven Leseprozess selbst noch von eigenständigen Gedanken – helfen jedoch, diese zu strukturieren.

Textmarkierungen und -anmerkungen

Viele Vorschläge zu Textmarkierungen sind sehr detailliert und lenken zuweilen von der inhaltlichen Konzentration ab. Folgende Hinweise halte ich für zügig anwendbar und hilfreich. Dabei kann es sinnvoll sein, für Markierungen im Text (höchstens) drei unterschiedlich farbige Textmarker zu verwenden, die jeweils eine Funktion verdeutlichen:

- zentrale Begriffe (z.B. blau);
- Aufzählungen oder Beispiele (z.B. grün);
- wichtige Sachverhalte und Definitionen (z.B. gelb).

Textmarker sollten eine dezente Farbe haben. »Knallige« Farben irritieren, erschweren zuweilen auch das Lesen der markierten Wörter und sind bei Kopien sichtbar. Neben den Markierungen im Text sind Randbemerkungen wichtig (vgl. Abb. 7). Dabei ist eine Unterscheidung nach Gliederungs- und Kommentierungsaspekten hilfreich. Sofern man mit Symbolen arbeitet, sollte die Bedeutung geklärt und durchdacht sein. Der routinierte Einsatz von Textmarkierungen erfordert Übung und Routine. Ein persönliches Markierungssystem ist konsequent und einheitlich durchzuhalten – erst dann kann sich allmählich eine Routine herausbilden.

Gliederungs- und Kommentierungsaspekte

Funktion	Beispiele	mögl. Abkürzungen/ Symbole
Gliederung	Einleitung	E
	These	T
	Frage	F
	Argument 1	Ag1
	Kritik	K
	Beispiele	Bsp
	Zusammenfassung	Zfg
	Zitat	Zit
	Schluss	Sch
	...	
Kommentare und Bewertungen	Widerspruch	✗
	Zustimmung	✔
	Unklarheiten	?
	Wichtige Textstelle	!
	...	

Abb. 7:
Textanmerkungen

Wenn Sie die Abkürzungen in Abb. 7 (oder andere) verwenden, werden Sie merken, dass Sie über die Entscheidungsfindung (z.B.: Lässt sich dieser Absatz als »Argument« oder »Beispiel« bezeichnen?) sehr genau über die Aussagen des Autors/der Autorin nachdenken und dadurch zwangsläufig tiefere Schichten des Textes erfassen müssen. Im Übrigen gilt der Umkehrschluss: Beim Verfassen schriftlicher Texte ist es sinnvoll zu überlegen, welche Kernaussage in jedem Absatz formuliert werden soll.

> **Die kleinsten Bedeutungseinheiten für Textanmerkungen sind in der Regel *Absätze*, es können jedoch auch Sätze oder einzelne Begriffe sein.**

Zweifellos bleiben die Inhalte eines derart detailliert durchgearbeiteten Textes gut im Gedächtnis haften. Der zeitliche Mehraufwand lohnt sich. Daher sollten Sie gut überlegen, welche Texte detailliert durchgearbeitet werden (können). Sinnvoll ist in jedem Fall die intensive Bearbeitung von Pflichtlektüren für Seminare.

Sofern man eine größere schriftliche Arbeit anfertigt (z.B. Hausarbeit, Diplomarbeit) sollten diejenigen Texte derart detailliert bearbeitet werden, die zur Beantwortung der zentralen Frage herangezogen werden.

Grundformen wissenschaftlichen Schreibens

Reflektierter Wechsel der Grundformen

Grundformen (Abb. 8, S. 31) wissenschaftlichen Schreibens bieten Klarheit darüber, was man eigentlich im Moment tut oder zu tun gedenkt, wenn man mit der Schreibarbeit beginnt. Der bewusste Wechsel der Grundformen belegt eine souveräne Schreibtätigkeit.

Diese Grundformen finden sich innerhalb *einer* wissenschaftlichen Arbeit (z.B. »Zusammentragen«, »Beschreiben«, »Analysieren« und »Bewerten« in einer Hausarbeit), sie verweisen zudem auf bestimmte Textsorten (z.B. »Vorschreiben« auf Handlungsanleitungen).

Erst beschreiben und analysieren, dann bewerten

Die genannten Grundformen sind zwar nicht zwangsläufig chronologisch angeordnet, allerdings ist eine gewisse Reihenfolge in der Regel sinnvoll. So sollte man einen Sachverhalt zuerst beschreiben und analysieren, bevor man ihn bewertet oder gar anderen daraus Konsequenzen vorschreibt. Je nach Textsorte werden eine oder mehrere Grundformen einen höheren Stellenwert haben. Beispielsweise wird eine wissenschaftliche Arbeit (z.B. eine Hausarbeit, eine Diplomarbeit) nicht schwerpunktmäßig Handlungen vorschreiben, allenfalls in einem Teil des Abschlusskapitels als »Empfehlungen« oder »Praxisrelevante Hinweise für Lehrkräfte« o.Ä. Ein Gutachten oder eine Evaluationsstudie wird zahlreiche Bewertungen vornehmen. In einem Protokoll wird weitgehend zusammengetragen und beschrieben.

Grundform	Erläuterung	Beispiel
Zusammentragen	Daten und Informationen zu einem Thema sammeln und zusammenstellen	Informationen zur PISA-Studie, insbesondere zu den veröffentlichten Leseaufgaben zusammentragen
Beschreiben	Einen Sachverhalt oder ein Thema darstellen	Die Zuordnung der PISA-Leseaufgaben zu bestimmten Kompetenzstufen beschreiben
Vergleichen	Zwei Sachverhalte, Themen, Aspekte gegenüberstellen und ihre Merkmale kontrastieren	Die Grundanlage der PISA-Studie mit derjenigen der IGLU-Studie vergleichen
Systematisieren	Eine innere Ordnung und Logik herstellen	Eine Hausarbeit zum Thema »Lesekompetenz in der PISA-Studie« strukturieren
Analysieren	Ein Thema in einzelne Bestandteile zerlegen, diese vertieft betrachten und Eigenschaften oder Zusammenhänge herstellen	Fragen einzelner Leseaufgaben aus der PISA-Studie und ihre Zuordnung zu den einzelnen Kompetenzstufen analysieren
Konstruieren	Begriffe, Zusammenhänge, Konzepte, Modelle oder Theorien in eigenen Gedankengängen entwickeln	Alternativen zu PISA-Mathematikaufgaben formulieren, denen andere oder ergänzenden Theorien zu Grunde liegen.
Interpretieren	Die (tiefere) Bedeutung eines Gegenstandes ergründen; einen Gegenstand hinterfragen und verstehen	Eine Ergebnisgrafik aus der PISA-Studie interpretieren (z.B. zum sozialen Gradienten der Lesekompetenz)
Argumentieren	Unterschiedliche Positionen gegenüberstellen, begründen und argumentativ gewichten	Konsequenzen aus der PISA-Studie des Realschulverbandes und des Gesamtschulverbandes gegenüberstellen und gewichten.
Bewerten	Einen Sachverhalt vor dem Hintergrund eines bestimmten Maßstabes (z.B. Werte oder Kriterien) einordnen	Die Stellungnahmen beider Verbände auf dem Hintergrund der veröffentlichten PISA-Ergebnissen bewerten
Vorschreiben	Handlungsleitende Anweisungen erteilen	Empfehlungen zur Veränderungen der Stellungnahme an beide Verbände formulieren
(ver. n. Kruse 1994, S. 69)		

Abb. 8:

Grundformen wissenschaftlichen Schreibens

Exzerpt

Weshalb exzerpieren? Exzerpieren ist zeitaufwändig und anstrengend. Durch das intensive »Durcharbeiten« des Textes bleibt dieser besser im Gedächtnis haften. Dies muss sich nicht immer auf die gesamte Textaussage beziehen, zuweilen sind es auch einzelne Elemente, z.B. Argumentationsmuster, Definitionen, Zitate, Grafiken, Zusammenhänge, die man besonders in Erinnerung behält. Über sorgfältiges Exzerpieren wird der Text intensiv bearbeitet – man setzt sich gründlich damit auseinander, was wiederum eine ausgezeichnete Grundlage für eigene Überlegungen und Texterstellungen ist.

gründliche Textbearbeitung

Exzerpte bieten sich an, wenn der Text für den weiteren Arbeitsprozess bedeutsam ist, z.B. zur Vorbereitung eines Seminars, zur Verarbeitung in der Diplomarbeit. Die Art und Ausführlichkeit des Exzerpts hängt u.a. von der Zugänglichkeit des Materials ab: Wenn ein Buch nur schwer zugänglich ist und etwa über die Fernleihe bestellt wird, dann sollten sämtliche evtl. benötigte Textpassagen exzerpiert werden.

In der Regel kann man einen Text auf zweierlei Wegen exzerpieren. Man kann

- eine *spezifische Frage* (z.B. Was versteht der Autor unter dem Begriff der »Arbeit«) oder
- eine *allgemeine Frage* (z.B. Wovon handelt der Text? Welche zentralen Aussagen sind erkennbar?)

an den Text richten. Letztere bietet sich bei recht geringen Vorkenntnissen an. Exzerpte können schrittweise verfasst werden (Abb. 9).

hochschul- didaktischer Einsatz

Exzerpte bieten hochschuldidaktische Einsatzmöglichkeiten. Über Exzerpte können Ergebnisse kontrastierender Fragen an denselben Text zugänglich gemacht und ausgetauscht werden. Auch der Vergleich von Exzerpten, die aus derselben Frage resultieren, kann spannend und erkenntnisreich sein. Formal bietet sich die nebenstehende Struktur an (Abb. 10).

Unterscheidung zwischen inhaltlicher Wiedergabe und Kommentaren

In dieser Struktur (→ Kopiervorlage 4, S. 119) erfolgt eine deutliche Unterscheidung zwischen der inhaltlichen Wiedergabe und den eigenen Kommentaren. Das sorgfältige Erfassen und Wiedergeben der originären Gedanken des Autors/der Autorin ist die entscheidende und anspruchsvolle Arbeit. Gegebenenfalls ist zusätzlich zu notieren, ob das Exzerpt unter einer bestimmten Fragestellung erfolgt oder nur ein bestimmtes Kapitel berücksichtigt wurde. In der Kommentarspalte erfolgt bereits der Blick auf den spezifischen Nutzen für die eigene Arbeit. Hier können vielfache Hinweise erfolgen: kritische Kommentare, Verweise auf wichtige Zitate, Seitenangaben, Querverweise zu anderen Büchern, Fragen

1. **Überblick verschaffen**	Zunächst hält man die Gliederung des Textes schriftlich fest: Vorwort, Einleitung, Hauptteil(e), Schlusskapitel. Eventuell kann der Umfang der einzelnen Gliederungsteile (in Seiten) notiert werden. Aufgrund des Überblicks ist zumeist eine Einschätzung der Vorgehensweise möglich.
2. **Exzerpieren**	Ausgehend von der Fragestellung wird nun jeder Absatz durchgearbeitet. Zunächst ist der Inhalt des Absatzes festzuhalten (Worum geht es?), erst dann ist eine schärfere Betrachtung der Aussagen sinnvoll (Welche Position vertritt der Autor?). Beim Exzerpieren verwendet man eigene Worte, man übernimmt keine Textpassagen. Die Auswahl erfolgt im Hinblick auf die Fragestellung: Welchen Beitrag leisten die einzelnen Absätze zur Beantwortung der Frage?
3. **Zusammenführen/ Verdichten**	Nun liegen Gliederung und die jeweiligen Exzerpte vor. Optimalerweise entsteht ein flüssiges Gesamtbild. »Brüchige« Stellen werden nachgearbeitet. Möglicherweise bietet sich eine weitere Zusammenfassung an.
4. **Abschluss**	Zum Abschluss analysiert man kritisch, ob die eingangs gestellte Frage (im Sinne des Autors) auch wirklich beantwortet wurde.

Abb. 9:

Exzerpieren – mögliche Schritte

Codierung:	Standort:	Signatur:
Bibliografische Angaben:		
Exzerpt		**Kommentar/ Hinweise**
Relevanz für die eigene Arbeit		
Gesamteinschätzung		

Abb. 10:

Struktur eines Exzerpts

etc. Die Zelle »Codierung« dient der eigenständigen Einordnung und Systematisierung des Exzerpts, z.B. alphabetisch nach Autorinnen und Autoren (z.B. Klafki 1975). Die alphabetische Anordnung kann zudem um eine Anordnung nach Bedeutung ergänzt werden (z.B. ++ = sehr hohe Bedeutung). Die Zelle »Standort« wird sich in aller Regel auf die zugänglichen Bibliotheken beziehen, es kann sich jedoch auch um ein privates Exemplar handeln.

Früher wurden Exzerpte auf Karteien oder Blättern verfasst, heute lässt sich die obige Struktur leicht als EXCEL- oder WORD-Tabelle erstellen und flexibel nutzen.

Mitschrift

Während des Studiums besucht man viele Veranstaltungen, die einen Beitrag zum Studienerfolg und zur persönlichen Studienmotivation leisten. Dazu zählen insbesondere Vorlesungen, Seminare, Vorträge oder Referate. Die jeweils vorgetragenen Inhalte eröffnen ihre Bedeutung zumeist erst dann, wenn man sich auf das Gesagte einlässt und konzentriert mit- und nacharbeitet. Um diesen Sachverhalt zu pointieren: Ein aufwändig inszeniertes Referat kann inhaltlich wenig Substanz haben – ein langweilig vorgetragenes Referat kann inhaltlich sehr fundiert sein. Es kommt also darauf an, die inhaltliche Substanz zu erkennen und diese für das eigene Studieninteresse zu nutzen. Hierfür ist eine gute Mitschrift hilfreich. Sie hat darüber hinaus noch weitere Funktionen:

Inhaltliche Substanz erkennen

- Die Aufschriebe können zur Vor- und Nachbereitung der Veranstaltung genutzt werden.
- Die Aufschriebe können für Prüfungszwecke genutzt werden.
- Der Aufschrieb erleichtert das Verständnis der Sachverhalte.
- Das, was man mit eigenen Worten notiert hat, bleibt in jedem Fall besser im Gedächtnis verankert.

Eine konzentrierte Mitschrift lohnt sich daher. Für das Verständnis ist entscheidend, auf welche Weise ein Sachverhalt durchdrungen werden kann. Das Anspruchsniveau kann gezielt erhöht werden, z.B. über (vgl. Kap. 5):

- die »Anstrengung des Begriffs«,
- den roten Faden,
- Reflexionsebenen.

Eine systematische Mitschrift erleichtert das Verständnis von Sachverhalten. Wenn der Aufschrieb routiniert und zügig erstellt werden kann, dann fällt die Konzentration auf die Inhalte leichter. Es ist schwierig, einen Hinweis für die Art und Weise des Mitschriebs zu geben, weil persönliche Präferenzen sehr unterschiedlich sind. Das beginnt bereits beim Papier (kariert, liniert, blank? Zettel, A4, Block?). Der Aufschrieb kann in vier Bereiche gegliedert werden (Abb. 11, S. 35).

Die inhaltliche Gliederung und der rote Faden sollten erfasst werden. Eine Vermischung von ③ (inhaltliche Gliederung) und ④ (weiteren Kommentaren) ist zu vermeiden, z.B. werden Kritikpunkte oder Fragen nicht direkt in die inhaltliche Mitschrift eingefügt. In jedem Studiengebiet tauchen bestimmte Begriffe wiederkehrend auf. Abkürzungen erleichtern das zügige Mitschreiben. Die Abkürzungen können durchaus subjektiv gewählt werden, sodass sie schnell einsetzbar sind. So könnten die Begriffe Pädagogik (Päd), Erziehungswissenschaft (EW), Schülerinnen und Schüler (Schü.), Lehrerinnen und Lehrer (L.), Eltern (E.), Schule (Schu.) abgekürzt werden. Quellenverweise oder Literaturangaben sollten sofort und möglichst exakt notiert werden.

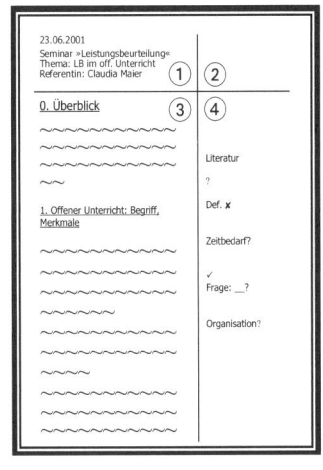

Mögliche Gliederung einer Mitschrift

Bereiche	Hinweise/Beispiele
① *Grunddaten*	• Datum • Veranstaltungsart • Thema • Person(en), z. B. Referentin
② *Seiteneinteilung*	• Rand einfügen • Seiten nummerieren
③ *Inhaltliche Gliederung*	• Hauptteil und Leitlinie beim Mitschrieb! • Versuch, den roten Faden festzuhalten
④ *Weitere und persönliche Hinweise und Kommentare*	• *am Rand notieren* (*nicht* in ③ einfügen!) • evtl. Symbole verwenden (Rahmen, ?, !) • Bemerkungen • Fragen • Literaturhinweise • Kritik

Abb.11:

Bereiche einer Mitschrift

Je konzentrierter man Zuhören kann, desto leichter fällt der Mitschrieb. Der Umkehrschluss gilt: Ein konzentrierter Mitschrieb erleichtert das Zuhören und Verfolgen des roten Fadens. Dieser rote Faden kann leichter verfolgt werden, wenn es gelingt, wichtige Äußerungen von unwichtigen zu unterscheiden (und nur die wichtigen zu notieren) und zudem einen Überblick über Ablauf und referierte Inhalte zu gewinnen und zu bewahren. Dies alles hängt natürlich entscheidend, aber eben nicht ausschließlich, von der Struktur des Referats selbst ab.

Exposé

Insbesondere für Abschlussarbeiten, aber auch für Hausarbeiten, leistet ein Exposé wertvolle Dienste. Im Exposé präzisieren Sie Ihre Arbeit nachdem Sie die ersten Recherchen und Strukturierungen vorgenommen haben. Sie erhalten dadurch Planungssicherheit und sind für die Sprechstunde bei Ihrem Betreuer gut vorbereitet. Betrachten Sie das Exposé nicht als lästige und unnötige Arbeit, sondern als Unterstützung des weiteren Schreibprozesses. Die hier investierte Zeit lohnt sich. Die Wahrscheinlichkeit des Scheiterns oder Verzögerns (insbesondere durch falsche Zeiteinschätzung) verringert sich erheblich. Ein Exposé informiert über folgende Teilbereiche Ihrer Arbeit (Abb. 12).

Planungssicherheit — (margin note)

Abb. 12: Teilbereiche eines Exposés — (margin note)

Teilbereich	Beispiele/Konkretisierung
Thema	• Titel und Untertitel präzisieren, zentrale Begriffe überdenken • Abgrenzung
Anlass	• Motivation
Forschungsstand	• bisherige Recherche (Literaturrecherche abgeschlossen?) • vorläufiges Fazit
Relevante/ wesentliche Literatur	• wichtige Bücher/Artikel zu ähnlichen bzw. identischen Fragestellungen • wichtige Grundlagenliteratur
Fragestellung	• welcher/n zentralen Frage/n möchten Sie nachgehen?
Methodisches Vorgehen	• grundsätzlich: Literaturrecherche, Befragung, Beobachtung etc.? • im Detail: Quellenzugang? Datenerhebung und Auswertung?
Zeitplan	• zeitlicher Umfang einzelner Phasen (z.B. Recherche, Datenerhebung, Datenauswertung, Abschluss, Korrekturphase)
Weitere Ressourcen	• zusätzliche Kompetenz bzw. Beratung • Finanz- und Sachmittel • technische Ausstattung
Arbeitsgliederung	• Stand der gegenwärtigen Gliederung • geplanter Umfang der einzelnen Kapitel
Mögliche Probleme	• Quellenzugang? Zeitprobleme? Forschungsmethodische Kompetenz?

Ihr Exposé können Sie »kritischen« Freunden und Bekannten vorlegen, insbesondere auch Kommilitoninnen und Kommilitonen, die sich mit ähnlichen Fragen und Arbeiten befassen.

Zitierung

Korrektes Zitieren ist ein mühevoller aber unvermeidbarer Teil wissenschaftlichen Arbeitens. Ohne genaue Zitierung können Aussagen nicht nachgeprüft werden. Folgende Grundregeln gelten für die Zitierung:

- Wörtliche Zitate werden über Anführungszeichen kenntlich gemacht. **Grundregeln**
- Zitate werden exakt, d.h. inhaltlich und sprachlich unverändert, wiedergegeben.
- Zitate stammen aus erster Hand.
- Zitate werden nicht aus ihrem inhaltlichen Zusammenhang gerissen.
- Die Quelle wird exakt, aber auch so kurz wie möglich angegeben, die Angaben ermöglichen eine zügige Recherche.
- Veränderungen (z.B. Hervorhebungen) des Originaltextes werden gekennzeichnet.
- Zitate werden gezielt eingesetzt und in den Kontext eingefügt.
- Längere Zitate werden blockartig eingerückt, kürzere im Fließtext untergebracht.
- Die Art und Weise der Zitierung wird innerhalb eines Textes nicht verändert.

Innerhalb von direkten Zitaten werden sprachliche, grammatikalische oder orthografische Fehler übernommen, ebenso die alte Rechtschreibung. Als Autor/in kann man sich davon distanzieren bzw. dokumentieren, dass man einen (gravierenden) Fehler erkannt hat, indem man nach dem Fehler »sic«! in eckige Klammern einfügt: [sic!]. »Sic« stammt aus dem Lateinischen und bedeutet »so«.

Eine Zitierung kann an drei Stellen erfolgen: **Ort der Zitierung**
1. als Kurzbeleg innerhalb von Texten;
2. in Fußnoten auf derselben Seite;
3. in Endnoten am Ende des Textes oder Kapitels.

Die folgenden Beispiele beziehen sich auf die erste Variante, die Zitierung innerhalb des Textes. Zusätzlich kann man sich bei Fußnoten zwischen einem kurzen Verweis und der vollständigen Angabe entscheiden. In der Fachliteratur gibt es Beispiele für sämtliche Verfahren. In diesen Beispielen sind die wichtigsten Zitierungsfälle dargestellt.*

---

* Weitere Beispiele sind nachlesbar bei Topsch (2001) und Stary/Kretschmer (1994).

Direkte Zitate

Direktes Zitat
(blockartig)

> *Direktes Zitat (blockartig abgesetzt)*
>
> »In diesem Sinne analysiere ich Herrschaftswissen; Dogmen wollen und müssen recht behalten und das Eigentümliche an der Reformpädagogik ist, dass die sanfte Sprache dies zugleich artikulieren und verdecken kann.« (Oelkers 1996, S. 10)

Die Quellenangabe erfolgt bei einem längeren eingerückten Zitat nach dem Anführungszeichen und ohne Punkt. Anders ist es, wenn das Zitat im laufenden Text platziert ist:

Direktes Zitat
(im Text)

> *Direktes Zitat (im laufenden Text)*
>
> Das Eigentümliche der sanften Sprache der Reformpädagogik sei, dass sie Dogmen »zugleich artikulieren und verdecken kann« (Oelkers 1996, S. 10).

Hier steht der Punkt nach dem Anführungszeichen. Schließt das Zitat mit einem Fragezeichen, so bleibt dieses stehen. Am Ende des Verweises folgt dann trotzdem ein Punkt.

Indirekte Zitate

Beim indirekten Zitieren (auch sinngemäßes Zitieren oder Paraphrasieren genannt) bezieht man sich auf eine Quelle, ohne diese wortwörtlich zu übernehmen. Man gibt also fremde Gedanken mit eigenen Worten wieder. Indirekte Zitate finden sich daher nicht selten in Zusammenfassungen. In der Regel wird dann der Konjunktiv verwendet. Wird eine Quelle zusammengefasst und nicht wörtlich wiedergegeben, dann dient die Abkürzung »vgl.« als Beleg dieses indirekten Zitats. Das Kürzel »s.« für »siehe« sollte Querverweisen innerhalb eines Textes oder Buches vorbehalten und daher nicht für indirekte Zitate verwendet werden. Drei indirekte Zitierungsweisen lassen sich unterscheiden:

Indirektes Zitat
(Satzteil)

> *Indirektes Zitat (Beispiel 1 – Satzteil)*
>
> Die Rezeption der Reformpädagogik wurde in den vergangenen Jahrzehnten vielfach kritisiert. So lasse sich die epochale Abgrenzung nicht aufrechterhalten (vgl. Oelkers 1996, S. 27–72), die Geschichtsschreibung wolle dem mittels einer künstlichen Phaseneinteilung lediglich Orientierung bieten (vgl. Prondczynsky 1996, S. 79), der internationale Einfluss der deutschen Reformpädagogik sei anzuzweifeln (vgl. Röhrs 1991), die Auswahl der Personen sei beliebig (vgl. Grunder 1995) …

Diese indirekten Zitate beziehen sich jeweils auf den vorherigen Satzteil, auf eine jeweils abgrenzbare Aussage. Der Quellenverweis befinden sich mitten im Satz.

> *Indirektes Zitat (Beispiel 2 – Satz)*
>
> Die Kritik an der Rezeption der Reformpädagogik ist vielfältig. Zur Orientierung des Lehrernachwuchses dürfe die Geschichte der Reformpädagogik nicht irritieren, sondern ausschließlich sozialisieren und pragmatischen Ausbildungszwecken dienen – ein übersichtliches Dreiphasenmodell wie bei Herman Nohl liege daher nahe (vgl. Prondczynsky 1996, S. 79).

Indirektes Zitat (Satz)

Bezieht sich der Verweis auf einen kompletten Satz, dann befindet sich das Zitat am Ende desselben (Beispiel 2). Der Quellenverweis befindet sich am Ende des Satzes, vor dem Punkt. Durch die Anordnung und sprachliche Formulierung sollte deutlich sein, dass sich der Verweis nicht auf die letzte Aussage (wie Beispiel 1) bezieht.

> *Indirektes Zitat*
> *(Beispiel 3a – Absatz mit zweifacher Autorennennung und mit Konjunktiv)*
>
> Besonders Jürgen Oelkers bemüht sich um die Aufarbeitung der bilderreichen und mystifizierenden Sprache der Reformpädagogik. In ihr fänden sich wiederkehrende Begriffe wie »Pädagogik vom Kinde aus« oder »das individuelle Kind«. Die sanfte Sprache der Reformpädagogik offenbare und verberge gleichermaßen den Geltungsanspruch dieser Dogmen, sie biete einen Abwehrmechanismus, weil die formulierten Postulate für gute Pädagoginnen und Pädagogen nicht anzugreifen seien. So beeinflusse die Reformpädagogik noch heute die Erziehungsmoral. (vgl. Oelkers 1996, 75–128)

Indirektes Zitat (Absatz mit Konjunktiv)

Ein Quellenverweis kann sich auch auf einen Absatz beziehen, z.B. wenn man wichtige Aussagen eines anderen Buchkapitels für den eigenen Text zusammenfassen möchte (Beispiel 3a). Hier steht der Quellenverweis am Endes des Absatzes, nach dem letzten Punkt. Der Verweis bezieht sich auf die gesamte Aussage des Absatzes. Um dies noch deutlicher hervorzuheben, wird im ersten Satz des Absatzes bereits der Autor genannt, anschließend beginnt das Paraphrasieren. Mit dieser Vorgehensweise sichert man formal die Zitierung korrekt ab. Allerdings wird der Konjunktiv bei längeren Passagen künstlich und sperrig[*], seine Anwendung wird daher in der einschlägigen Literatur zum wissenschaftlichen Arbeiten nicht durchgängig empfohlen.

---

[*] Detaillierte Beispiele beschreiben Bünting u.a. (1996, S. 95–102; zum Konjunktiv S. 234–238).

Alternativ könnte daher wie folgt indirekt zitiert werden:

> *Indirektes Zitieren (Beispiel 3b – Absatz mit zweifacher Autorennennung)*
>
> Besonders Jürgen Oelkers bemüht sich um die Aufarbeitung der bilderreichen und mystifizierenden Sprache der Reformpädagogik. In ihr finden sich wiederkehrende Begriffe wie »Pädagogik vom Kinde aus« oder »das individuelle Kind«. Die sanfte Sprache der Reformpädagogik offenbart und verbirgt gleichermaßen den Geltungsanspruch dieser Dogmen, sie bietet einen Abwehrmechanismus, weil die formulierten Postulate für gute Pädagoginnen und Pädagogen nicht anzugreifen sind. So beeinflusst die Reformpädagogik noch heute die Erziehungsmoral. (Vgl. Oelkers 1996, 75–128)

Hier (in diesem Beispiel 3b) wird auf den Konjunktiv verzichtet – in diesem Fall ist der einleitende Satz mit Verweis auf den zitierten Autoren unabdingbar. Den nachfolgenden Absatz kann man zudem mit einer sprachlichen Abgrenzung beginnen, z.B. »Darüber hinaus ist jedoch anzumerken ...« oder: »Andere Autor/innen hingegen ...«.

Als Grundsatz lässt sich festhalten: Die Abgrenzung muss genau nachvollziehbar sein, d.h., es muss immer klar sein, wer »spricht«, also wessen Gedanken aufgeführt sind: die eigenen oder die eines anderen.

Zusammenfassend lassen sich also mindestens drei indirekte Zitierungsfälle unterscheiden. In der Regel bezieht sich der Verweis ...

- wenn er mitten in einem Satz steht, auf den vorherigen Satzteil (bzw. die vorherige Aussage),
- wenn er am Ende eines Satzes steht (vor dem Punkt), auf den vorherigen Satz,
- wenn er am Ende eines Absatzes steht (nach dem letzten Punkt des Absatzes), auf den vorherigen Absatz.

In Kombination mit dem Konjunktiv ist damit ein eindeutiger Verweis möglich.

Weitere Zitierungsfälle

Über die genannten Varianten hinaus gibt es weitere Fälle, von denen hier nur einige dargestellt sind.

> *Bei mehr als zwei Autorinnen oder Autoren nur den ersten Namen nennen*
> (Stark u. a. 1998, S. 291)

Die alternativ verwendbare lateinische Bezeichnung »et al.« oder ausführlich »et alii« gilt mittlerweile als veraltet.

Eigene Hervorhebungen

> *Veränderungen (z.B. Hervorhebungen) des Originals kennzeichnen*
> Siegfried Uhl hingegen schränkt den Stellenwert neuer Lernverfahren ein: »Gegen die neuen Lehrverfahren ist solange nichts einzuwenden, wie sie in Maßen als Ergänzung und *Auflockerung* (Herv. t.b.) des traditionellen Unterrichts eingesetzt werden.« (Uhl 1996, S. 26)

Eigene Hervorhebungen und damit Veränderungen im Original sind in jedem Fall zu kennzeichnen. Befindet sich in einem Zitat also eine Hervorhebung, dann geht man, sofern nicht anders gekennzeichnet, von einer originären Hervorhebung aus. Um dies abzusichern, z.B. wenn die Hervorhebung herausragende Bedeutung für den Gang der eigenen Argumentation hat, kann man in Klammer hinzufügen: (Herv. im Original). Zu dieser Variante gibt es eine Alternative: Wird der Autor vor dem (hier eingerückten) direkten Zitat bereits genannt, dann kann der Verweis auch vor dem Doppelpunkt stehen.

Mehrere Verweise

> *Mehrere Quellenverweise chronologisch (i.d.R. aufsteigend) ordnen*
> (vgl. Tenorth 1981, S. 115; Harth-Peter 1994, S. 13; Oelkers 1996, S. 222)

Auch hier sind die Empfehlungen in der Literatur zum wissenschaftlichen Arbeiten nicht immer einheitlich. Manche Autorinnen und Autoren empfehlen eine alphabetische Auflistung. Die chronologische Auflistung scheint jedoch sachlich eher begründet: Dadurch zeigt sich, wer am Thema gearbeitet und möglicherweise auf Vorarbeiten aufgebaut hat und wer sich zuerst damit befasst hat.

Ausgelassene Satzteile

> *Ausgelassene Wörter oder Satzteile des Originals durch »...« kennzeichnen*
> »Kindliche Fantasie ist ... eine eigene Leistung des Kindes ..., die nicht in irgendeinem Sinne methodisch ›beigebracht‹ werden kann.« (Oelkers 1996, S. 211)

Ausgelassene Sätze

> *Ausgelassene Sätze des Originals durch »(...)« kennzeichnen*
> »Das entlastet nicht von der entscheidenden Frage, nämlich ob Reformpädagogik überhaupt eine historische Epoche gewesen ist. (...) Drei Bedingungen müssen mindestens erfüllt sein, um von einer historischen ›Epoche‹ in der Geschichte der Pädagogik sprechen zu können, die Umgrenzung ihrer Dauer, die Unterscheidbarkeit gegenüber Vorläufern und Nachfolgern sowie die Zuordnung eines bestimmten unverwechselbaren Personals.« (Oelkers 1996, S. 14)

Gelegentlich wird dabei auch eine eckige [ ] Klammer verwendet, um eine Unterscheidung von möglichen Klammern im Zitat zu ermöglichen.

weitere Zitierungs-
fälle

> *(Unvermeidbare) Zitate aus zweiter Hand durch »zit. n.« kennzeichnen*
>
> »Ich werde mich nicht einseitig einer politischen Gruppe anschließen. Wenn die Politik sich der Schule bemächtigt, zieht die Pädagogik aus. Uns geht es um das Kind und nur um das Kind.« (Freinet 1963, zit. n. Jörg 1989, S. 13)

> *Verweis auf höchstens zwei Seiten mittels »f«*
>
> (vgl. Oelkers 1996, S. 14f.)

> *Bei Verweisen auf mehr als zwei Seiten: genaue Angaben*
>
> (vgl. Oelkers 1996, S. 14–17)

> *Mehrere Veröffentlichungen einer Person im selben Jahr mit a, b, c etc. kennzeichnen*
>
> (vgl. Jürgens 1998a, 1998b; Winter 1991)

> *Bei Klassikern Erscheinungsjahr der Erstausgabe voranstellen*
>
> (Comenius 1628/1960)

mehrfacher Verweis auf dieselbe Quelle

In vielen Büchern zum wissenschaftlichen Arbeiten wird vorgeschlagen, bei wiederholtem Verweis auf dieselbe Quelle nicht nochmals den Namen sondern »ebd.« (z.B. »ebd., S. 39«) einzufügen. Zuweilen wird sogar unterschieden zwischen »ebd.« wenn fortlaufend, d.h. mehrere Male hintereinander zitiert wird, sowie »a.a.O.« (= am angegebenen Ort), wenn mehrfach, aber nicht hintereinander diese Quelle zitiert wird. Dieses Verfahren bzw. beide Vorschläge halte ich für ungeeignet, wohl wissend, dass sie vielfach praktiziert werden. Meines Erachtens ist das Nachschlagen über eine oder mehrere Seiten hinweg nicht hilfreich, zuweilen unzumutbar. In aller Regel wird ja mehrfach auf einer Seite zitiert, oder derselbe Autor wird über viele Seiten hinweg mehrfach zitiert. Die Suche wird dann mühsam. Auch beim Querlesen wird die Quellenfindung erschwert. Als einfache Alternative schlage ich vor, auch bei mehrfachem Verweis immer die Quelle zu benennen.

Konsequente und einheitliche Anwendung

Quer durch die Fachzeitschriften und Publikationen variiert die Zitierungsweise. Es gilt daher, sich für eine aktuelle und begründete Variante zu entscheiden und diese konsequent, d.h. einheitlich anzuwenden. Fragen Sie bei Unklarheiten nach oder erkundigen Sie sich, welche Vorgaben in ihrem Institut bzw. Fach existieren.

Literaturverzeichnis

Auch für die bibliographischen Angaben im Literaturverzeichnis gibt es einige Grundregeln:

- Die Art und Weise der Notation ist einheitlich;
- die Angaben sind detailliert und vollständig;
- die Anordnung erfolgt 1. alphabetisch (nach Name) und 2. chronologisch nach Erscheinungsdatum, beginnend mit der ältesten Arbeit;
- sämtliche zitierte Literatur und sonstige Quellen müssen enthalten sein, ebenso vollständig gelesene oder quer gelesene Quellen.

Grundregeln

Genaue Angaben erleichtern die Suche nach Literatur – ein einleuchtendes Argument für eine sorgfältige Notation. Die genauen Angaben stehen nicht auf dem Titelblatt, sondern auf dem Innentitel bzw. im Impressum des Buches. Insbesondere bei Internetrecherchen wird im Übrigen die exakte Angabe immer wichtiger. Gängige Fälle sind im Folgenden beispielhaft dargestellt und teilweise anschließend kurz erläutert (→ Kopiervorlagen 5, S. 120, und 6, S. 121).

Monografie

Oelkers, J. (1996): Reformpädagogik. Eine kritische Dogmengeschichte. Weinheim und München: Juventa, 3. Aufl.

Monografie

Die Nennung des Vornamens wird nicht einheitlich gehandhabt. Insbesondere bei geschlechtsspezifischen Themen (aber nicht nur hier!) ist es von inhaltlichem Interesse, ob Männer oder Frauen argumentieren und publizieren. Zur Sicherheit kann der Vorname zunächst vollständig notiert werden. Eine Variante ist die Nennung des Vornamens bei der ersten Erwähnung im Text.

Herausgeber eines Sammelbandes

Rolff, H.-G./Bauer, K.-O./Klemm, K./Pfeiffer, H. (Hrsg.) (1996): Jahrbuch der Schulentwicklung. Bd. 9. Weinheim und München: Juventa

---

Sammelband

Die Abkürzung »Hrsg.« steht in Klammer vor der Jahreszahl, die ebenfalls in Klammer eingefügt ist.

Zeitschriftenartikel

> *Artikel in Zeitschriften*
>
> Menzel, W. (2002): Lesen lernen dauert ein Leben lang. Methoden zur Verbesserung der Lesefähigkeit und des Textverständnisses. In: Praxis Deutsch. 29. Jg./Heft 176, S. 20–24

An diesem Beispiel zeigt sich, dass es wichtig ist, den Untertitel ebenfalls anzugeben. Häufig wird erst über den Untertitel klar, wovon der Text genau handelt während die Überschrift eher sehr allgemein oder besonders originell gehalten ist. Insbesondere in Fachbüchern sind zunehmend übergreifende Begriffe im Titel enthalten damit der Band über Suchmaschinen möglichst gut erfasst wird. Die treffendere Spezifizierung erfolgt dann im Untertitel. Seitenzahlen sind ebenso wie in einem Beitrag für einen Sammelband vollständig anzugeben, d.h. »S. 20ff« genügt nicht. Oft werden Jahrgang (hier abgekürzt als »Jg.«) und Heft (hier: »Heft«) nicht verbal benannt. Meines Erachtens ist dies allerdings für Studierende mit wenig Erfahrung bei der Literaturrecherche erleichternd.

Beitrag im Sammelband

> *Beitrag in einem Sammelband*
>
> Kanders, M./Rösner, E./Rolff, H.-G. (1996): Das Bild der Schule aus der Sicht von Schülern und Lehrern – Ergebnisse zweier IFS-Repräsentativbefragungen. In: Rolff, H.-G./Bauer, K.-O./Klemm, K./Pfeiffer, H. (Hrsg.): Jahrbuch der Schulentwicklung. Bd. 9. Weinheim und München: Juventa, S. 57–114

Hier wird auf einen Sammelband verwiesen. Im Anschluss an die Namen wird in Klammer »Hrsg.« eingefügt. Die Jahreszahl muss dann nicht nochmals benannt werden.

Mehrere Angaben eines Autors

> *Mehrere Angaben eines Autors mit Buchstaben kennzeichnen*
>
> Jürgens, E. (1995a): Die »neue« Reformpädagogik und die Bewegung Offener Unterricht. Sankt Augustin, 2. Aufl.
> Jürgens, E. (1995b): Diskussion der Wirkungen Offenen Unterrichts. In: Schulmagazin 5 bis 10. 10. Jg./Heft 9, S. 76–79

Nach der (identischen) Jahreszahl wird über Kleinbuchstaben sortiert.

Auflage

> *Auflage am Ende angeben*
>
> Jürgens, E. (1995a): Die »neue« Reformpädagogik und die Bewegung Offener Unterricht. Sankt Augustin, 2. Aufl.

Die Angabe der Auflage ist häufig nicht einheitlich, neben der genannten Variante (am Ende) kann die Auflagenzahl auch hochgestellt vor dem Jahr angegeben werden: Jürgens, E. ($\approx$1995a): Die »neue«...

> *Artikel in einer Zeitung*
>
> Rolff, H.-G. (2002): Ein Traum von einer Lehranstalt. Mehr Freiheit und Lust am Lernen, mehr Kontrolle und Wettbewerb. Ein Blick in den Stundenplan der Zukunft. In: Die Zeit. Nr. 6/2002 vom 31.01.2002, S. 31

Zeitungsartikel

Der Verweis auf Zeitungen sollte in der Regel vermieden werden. Zeitungen folgen anderen als wissenschaftlichen Prinzipien. Gleichwohl kann es durchaus vorkommen, dass bestimmte Informationen nur über Zeitungen zugänglich sind, z.B. aktuelle Rankings*.

> *(Neue) Herausgabe einer (älteren) Monografie*
>
> Montessori, M. (1972): Das kreative Kind. Der absorbierende Geist. Hrsg. von P. Oswald und G. Schulz-Benesch. Freiburg: Herder, 10. Aufl.

Herausgabe einer älteren Monografie

Bei dieser Variante der Herausgeberschaft wird die originäre Leistung (hier: von Maria Montessori) gewürdigt und daher vorangestellt. Die Herausgeberinnen und Herausgeber treten daher »zurück« und werden im Anschluss an den Originaltitel angegeben. Neben dem Hinweis »herausgegeben von« sind weitere möglich, z.B. »übersetzt von«, »eingeleitet von«, »mit Anmerkungen versehen von« oder »besorgt von«. Abkürzungen sind auch hier möglich, aber nicht zwingend.

Handelt es sich um einen Klassiker, dann kann wie bei der Zitierung das Jahr der Erstausgabe vorangestellt werden:

> *Neue Herausgabe eines Klassikers*
>
> Comenius, J.A. (1628/1960): Große Didaktik. Übers. und hrsg. von A. Flitner. Düsseldorf und München: Küpper, vormals Bondi, 2. Aufl.

Klassiker

In mehreren Beispielen wurde bereits die Auflage angeführt. Ab der zweiten Auflage muss eine genaue Angabe erfolgen – ansonsten geht man davon aus, dass es sich um die erste Auflage handelt. Je höher die

---

* Ein aktuelles Beispiel ist die Diskussion um Konsequenzen aus der PISA-Studie. Bis die ersten Fachzeitschriften die Thematik aufgenommen hatten, war die öffentliche Diskussion bereits fast vorbei. Bis dahin hatten auch zahlreiche renommierte Erziehungswissenschaftlerinnen und Erziehungswissenschaftler ihre Position über Zeitungen veröffentlicht, um die Diskussion zu beeinflussen. In diesem Fall kann es durchaus sinnvoll sein, auf Zeitungsartikel zu verweisen. Andererseits muss man darauf hinweisen, dass es auch unter renommierten Wissenschaftlerinnen und Wissenschaftlern durchaus üblich ist, über Zeitungen eher journalistisch und »privat« als sachlich und zurückhaltend – wissenschaftlich – zu argumentieren.

Auflagenzahl, desto häufiger erfolgt zudem eine Überarbeitung oder Erweiterung o.Ä. – auch dies ist anzugeben. Zuweilen unterscheiden sich Neuauflagen inhaltlich ganz erheblich von älteren Ausgaben und arbeiten etwa neuere Entwicklungen und Forschungsergebnisse ein.

Neuauflage

> *Neuauflage*
>
> Sacher, W. (2001): Leistungen entwickeln, überprüfen und beurteilen. Grundlagen, Hilfen und Denkanstöße für alle Schularten. Bad Heilbrunn: Klinkhardt, 3., überarb. und erw. Aufl.

Eine besondere Regelung gilt bei Promotionsschriften (Abk.: Diss.) und Habilitationsschriften (Abk.: Habil.). Hier sind der Ort der Annahme und der Fachbereich anzufügen:

Hochschulschriften

> *Hochschulschriften*
>
> Weingardt, M. (2002): »Fehler zeichnen uns aus« – Transdisziplinäre Grundlagen zur Theorie und Produktivität des Fehlers in Schule und Arbeitswelt. Tübingen: Eberhard-Karls-Universität, Fakultät für Sozial- und Verhaltenswissenschaften, Diss.

Angabe und Glaubwürdigkeitsprüfung von Internetquellen

Im Literaturverzeichnis können Internetquellen wie folgt angegeben werden:

Internetquellen

> *Internetquellen*
>
> Jürgens, E. (2001): Qualität sichern – Unterricht öffnen – Leistungen zeigen. Online: URL: http://www.teachersnews.net/newsletter/010201_35.htm [Datum der Recherche: 07.01.2003]

Die Angabe von Internetquellen* ist in der Erziehungswissenschaft bisher nicht standardisiert – es handelt sich hier um einen Vorschlag. »Neue« Elemente sind die exakte URL (Uniform Ressource Locator), die direkt in den Browser eingegeben wird, und der Tag, an welchem die Quelle recherchiert wurde. Das Datum des Artikels ist häufig nicht angegeben. Sofern das genaue Datum ersichtlich ist, können auch Monat und Tag angegeben werden, also: Jürgens, E. (08.02.2001): Qualität ..., dies entspricht dem internationalen Standard (ISO 690-2) und wird den dynamischen Veränderungen von Internetquellen gegenüber gedruckten

---

* Eine gute Einführung hierzu gibt Bleuel (2001).

Werken gerecht. In internationalen Kontexten werden Daten häufig in der amerikanischen Schreibweise angegeben (z.B. 2003-01-07). Angesichts der Vergänglichkeit von Internetquellen kann es notwendig sein, wichtige Seiten auszudrucken und einer Arbeit im Anhang beizufügen. Fast alle Universitätsbibliotheken bieten inzwischen Hinweise zum Umgang mit Internetquellen.* Gegebenenfalls sollten Sie dies mit Ihrem Betreuer oder Ihrer Betreuerin der Abschlussarbeit oder Hausarbeit besprechen.

Die Zitierung von Internetquellen bedarf einer kurzen Betrachtung. In jüngster Zeit nimmt die Zitierung von Internetquellen auch in der Erziehungswissenschaft beträchtlich zu, insbesondere auch durch Studierende, die sich häufig souveräner durch das Internet bewegen als ihre Dozierenden. Allerdings vollzieht sich die erziehungswissenschaftliche Fachdiskussion größtenteils noch immer über Druckmedien. Pointiert formuliert: Während Dozierende das Lesen von Büchern und Fachzeitschriften erwarten, präferieren Studierende die Recherche im Internet. Daraus entsteht eine Diskrepanz hinsichtlich der Erwartungen an die Seriosität und Wissenschaftlichkeit von Internetseiten. Bei der Zitierung von Internetquellen spielt die Frage der Glaubwürdigkeit daher eine große Rolle. Die Glaubwürdigkeitsprüfung von Internetquellen wird immer notwendiger – womit sich das Rechercheverhalten verändern dürfte, weil die bisher Zeit sparende Recherche über Suchmaschinen dann aufwändiger wird. Eine befriedigende Glaubwürdigkeitsprüfung ist allerdings nicht einfach, letztlich häufig deshalb, weil die notwendige Sachkenntnis fehlt. Gleichwohl lassen sich zumindest formale Analysekriterien anwenden (vgl. Kührt 2004; → Kopiervorlage 7, S. 122):

zunehmende Zitierung von Internetquellen

Prüfung der Internetquellen wird immer notwendiger

- Wie lauten Vor- und Nachname des Verfassers/der Verfasserin?
- Wann wurde der Beitrag verfasst bzw. im Internet veröffentlicht?
- Wann wurde die Internetseite zuletzt aktualisiert?
- Welcher Verband, welche Organisation oder Gruppe ist für die Internetseite verantwortlich (z.B. Aktionsgruppe, staatliche Institution, Verein)?
- Welche Informationen sind über diese Organisation – über die Angaben auf der Internetseite hinaus – erhältlich?
- Welche Inhalte werden auf der Internetseite veröffentlicht (z.B. Wissenschaftliche Arbeiten, populärwissenschaftliche Darstellungen, Meinungen von Privatpersonen)?
- Ist die Domain bekannt oder leicht ermittelbar?
- Welche weiteren Links sind angegeben? Funktionieren die Links?

Glaubwürdigkeitsprüfung: mögliche Analysekriterien

---

* Beispielsweise die Universitätsbibliothek der FU Berlin: http://www.ub.fu-berlin.de/service/einfuehrungen/bookmarks/zitieren.html.

- Sind weitere Publikationen des Verfassers/der Verfasserin bekannt (Verlag)?
- Wie wirkt das Design der Internetseite (z.B. kommerziell)?
- Wie verhält es sich mit der inneren Qualität des Beitrags (Aktualität, Wissenschaftlichkeit, innere Logik, Ausgewogenheit, Kernaussage)?

Aus dieser Analyse heraus entsteht schließlich ein begründetes Gesamtfazit: Ist die Internetquelle glaubwürdig oder nicht?

Abschließender Hinweis zu Zitierung und Literaturrecherche

sofortiges
und sorgfältiges
Notieren

Es ist unbedingt hilfreich und sinnvoll, immer und alle Angaben eines Buches oder Artikels sofort und vollständig zu notieren. Selbst dann, wenn noch nicht sicher ist, ob man die Literatur weiter nutzt. Spätere Recherchen sind mühevoll, aufwändig und zum Teil nicht mehr möglich. Hilfreich ist zudem, sich frühzeitig für eine Variante des Notierens zu entscheiden, dies erspart spätere Änderungen. Wie auch bei der Zitierung variieren die genauen Angaben. Beispielsweise wird die Jahreszahl häufig an das Ende der Angaben gesetzt, allerdings scheint die Tendenz eher dahin zu gehen, die Jahreszahl vorne zu platzieren. Dadurch wird eine schnelle Zuordnung ermöglicht, vor allem wenn von einer Autorin/einem Autor mehrere Publikationen angegeben sind. Den neuesten Stand der Zitierung und Literaturangaben eines Faches oder Fachgebietes kann man Artikeln in führenden Fachzeitschriften entnehmen (z.B. in der »Zeitschrift für Pädagogik«).

4. Sprache und Stil

- Stilistische Hinweise
- »Ich« oder »wir« oder »man« oder »der Verfasser«?
- »LehrerInnen« oder »Lehrer« oder ...

Wissenschaftliche Sprache gilt als distanziert, neutral und sachlich. Der Duktus eines wissenschaftlichen Textes beruht auf der speziellen Fachsprache. Autorinnen und Autoren belegen ihre Aussagen mit wissenschaftlicher Argumentation (z.B. mittels empirischer Studien oder Theoriebezüge). Regeln wissenschaftlichen Schreibens können berücksichtigt werden, ohne in sprachliche Langeweile oder künstliche Distanz zu verfallen. Wissenschaftlerinnen und Wissenschaftler oder Studierende, die einen wissenschaftlichen Text verfassen, sind eher selten leidenschaftliche Poeten oder sprachliche Ästheten. Das müssen sie auch nicht sein. Zwischen Sprache und Inhalt besteht allerdings ein Zusammenhang: Der Schreibstil kann das Verständnis eines Textes erleichtern oder erschweren. Im Dienste einer wissenschaftlichen Genauigkeit und Verständlichkeit sollten sprachliche und stilistische Mittel unterstützend wirken.

Zusammenhang zwischen Sprache und Inhalt

Die folgenden Hinweise greifen Probleme auf, die etwa bei Haus- oder Abschlussarbeiten entstehen.

Stilistische Hinweise

Aktiv statt passiv

Nicht: Schulprogramme *werden* von Lehrkräften *entwickelt*. Sondern: Lehrkräfte entwickeln Schulprogramme. Begründung: Die aktive Form ist zumindest bei aktiv handelnden Personen gängig.

Substantivierung vermeiden

Nicht: Unter Vermeidung von. Sondern: vermeiden.
Nicht: Es besteht die Möglichkeit, am Samstag von der Ausleihe Gebrauch zu machen. Sondern: Samstags ist die Bibliothek ebenfalls geöffnet. Bücher können Sie zu den normalen Bedingungen ausleihen.

Schachtelsätze vermeiden

Ein Beispiel: Geradezu ein Meister der Schachtelsätze ist der Psychologe Klaus Holzkamp*:

> »Die damit benannten Schwierigkeiten sind möglicherweise leichter zu bewältigen, wenn man sich den Umstand in höherem Grade bewusst macht und in den Konsequenzen bedenkt, dass den jeweils unterschiedlichen Formen der Schullaufbahn-Organisation eine demgegenüber (relativ) invariante, die ›Schule‹, wie wir sie hier und heute vorfinden, als solche charakterisierende ›Struktur‹ zu Grunde liegt, nämlich die Struktur des jeweils konkreten Schulgebäudes, das da und da steht, ›in‹ das man hineingehen kann, wo man dann auf bestimmte Anordnungen von Räumen, Sachen und Individuen stößt, etc. (s.u.).« (Holzkamp 1993, S. 346)

Der Lese- und Verstehensprozess wird wesentlich erleichtert, wenn die zentrale Aussage im Hauptsatz steht. Zur Vereinfachung kann man daher versuchen, Holzkamps Aussage in mehrere Sätze zu zergliedern und die zentrale Aussage zuerst zu formulieren:

> »Die Struktur des jeweils konkreten Schulgebäudes steht den unterschiedlichen Formen der Schullaufbahn-Organisation (relativ) invariant gegenüber. Diese ›Struktur‹ charakterisiert die ›Schule‹, wie wir sie hier und heute vorfinden. Das Schulgebäude steht da und da, man kann hineingehen und stößt auf bestimmte Anordnungen von Räumen, Sachen und Individuen (s.u.). Die oben benannten Schwierigkeiten sind möglicherweise leichter zu bewältigen, wenn man sich diesen Umstand in höherem Grade bewusst macht. «

»Ich« oder »wir« oder »man« oder »der Verfasser«?

**Tendenz:
»ich« statt
»der Verfasser«**

Hier konnte ich in den letzten Jahren eine klare Einwicklung von »wir« bzw. »der Verfasser« zu »ich« feststellen. Ich empfehle, die Subjektivität eines Gedankens durch das »ich« zu verdeutlichen. »Wir« täuscht eine

---

*   Mit der Erwähnung von Holzkamp an dieser Stelle sei keinesfalls seine immense Leistung im Bereich der Lernpsychologie in Frage gestellt. Vielmehr spiegeln derartige Satzstrukturen seine ausdifferenzierten und vernetzten Gedanken wieder, die einen dementsprechend eigenen Schreibduktus entstehen lassen. In diesen Duktus findet man sich als Leser durchaus hinein, obschon er nicht als Vorbild für Studierende dienen sollte.

unklare Macht und Kooperation im Hintergrund vor. So gewinnt man etwa bei Veröffentlichungen den Eindruck, hinter der Arbeit stünde eine ganze Forschergruppe – benannt ist jedoch nur ein Autor oder eine Autorin. »Der Verfasser« wirkt künstlich neutral und distanziert, als ob fremde Gedanken die eigene Feder lenken würden. Allerdings sollte das »ich« nicht zu häufig vorkommen, das würde eingebildet wirken, sondern sollte wichtigen Positionsbeschreibungen und Bewertungen vorbehalten bleiben. Banalitäten oder weitgehend anerkannte Sachverhalte lassen sich anders formulieren. Negativbeispiel: »Wir sind nun der Meinung, der folgende Sentence beschreibe das Problem exakt ...« Positivbeispiel: »In dieser Frage schließe ich mich nicht der Position von XY an, sondern ...«

zurückhaltender Einsatz

»LehrerInnen« oder »Lehrer« oder ... ?

Spätestens beim Schreiben wissenschaftlicher Texte taucht die Frage auf, ob bestimmte Substantive und Personengruppen in generischem Maskulin (z.B. Schüler) formuliert werden sollen oder in anderer Weise. Nacharbeiten sind aufwändig, da sie auf Grund der grammatikalischen Strukturen nicht von der Suchen&Ersetzen-Funktion des PC übernommen werden.

Die jüngere Diskussion um den Zusammenhang von Sprache und Bewusstsein hat in der Pädagogik (und selbstverständlich nicht nur hier) zu einer Kontroverse darüber geführt, ob der generische Maskulin eine neutrale Bezeichnung für beide Geschlechter sei. Gegnerinnen und Gegner verweisen hingegen auf die eindeutig männliche Konnotation und fordern neutrale oder geschlechtsspezifizierende Formulierungen. Diese Diskussionslage* wurde in der Erziehungswissenschaft aufgegriffen und hat zu verschiedenen Alternativen geführt:

Zusammenhang von Sprache und Bewusstsein

- Groß-I-Schreibung: SchülerInnen
- Beidnennung ausgeschrieben: Schülerinnen und Schüler
- Beidnennung mit Schrägstrich: Schüler/innen
- Generisches Femininum: Schülerinnen
- Substantiviertes Partizip Präsens: Lernende

Alternativen

Wenn Sprache Bewusstsein erzeugt oder zumindest beeinflusst, dann dürfte man als Pädagoge oder Pädagogin nicht länger den generischen Maskulin verwenden, schließlich folgt Schule einem bildungstheoretisch begründeten Auftrag. Darüber hinaus würde sich die Frage stellen, ob

---

*   Eine allgemeine Einführung bietet Samel (2000, insb. S. 55–86).

man als Lehrer oder Lehrerin im Umgang mit Schülerinnen und Schülern ebenfalls die gängige Sprache verändern sollte.

Die Wahl der Schreibweise verdeutlicht ein Bewusstsein und einen reflektierten Umgang mit Sprache. In der Erziehungswissenschaft hat sich als »Mindeststandard« inzwischen ein Fußnotenverweis etabliert: Die männliche Form ist immer noch gängig, wird jedoch häufig über Fußnoten begründet. Damit hört die Einigkeit allerdings auf, → Kopiervorlage 8, S. 123, legt davon Zeugnis ab.

Mindeststandard: Fußnotenverweis

Die Begründungsmuster der in dieser Kopiervorlage erwähnten Beispiele sind höchst unterschiedlich, sie offenbaren das gesamte Argumentationsspektrum. Möglicherweise sind diese Beispiele für Ihren Meinungsbildungsprozess erhellend. Allerdings seien einige Hinweise dazu erlaubt. In den Beispielen werden unterschiedliche Begründungsmuster deutlich:

- Beispiel 1: sprachlich-politisch-soziologisch,
- Beispiel 2: hier wird nicht begründet, sondern lediglich beschrieben,
- Beispiel 3: nach Mehrheitsverhältnissen (überwiegend Frauen),
- Beispiel 4: im Hinblick auf die Textsorte (einführender Studientext),
- Beispiel 5: sprachlich (Wortungetüme vermeiden),
- Beispiel 6: emanzipatorisch-empirisch-wahrnehmungs-psychologisch,
- Beispiel 7: funktionsbezogen.

Einwände

Gegen alle Varianten gibt es Einwände, allerdings auf unterschiedlichen Ebenen. So muss schon erstaunen, wenn der empirisch belegte Einfluss von Sprache auf kognitive Vorstellungen (vgl. Literaturhinweise in Beispiel 6) zu Gunsten einer pragmatischen Lösung übergangen wird, während die Bücher, in deren Rahmen die kleine Fußnote platziert ist, als wissenschaftliche Werke gelten. Der Anspruch an das eigene Thema ist offensichtlich höher als derjenige an die gewählte Sprachform.

Die Begründung der durchgängig weiblichen Form (Lehrerinnen) mit Mehrheitsverhältnissen (das Kollegium bestehe mehrheitlich aus Lehrerinnen) erscheint mir problematisch. Im umgekehrten Fall müsste man sich überall dort für die männliche Form entscheiden, wo der Anteil der Männer höher ist – genau dies ist jedoch kein einleuchtendes Argument. Beispielsweise wird berechtigterweise die Forderung erhoben, auch bei einer einzigen Frau (z.B. bei Schulleitungen) beide Formen zu erwähnen, um eben festzuhalten, dass dieser Beruf nach wie vor oder eben explizit keine Männerdomäne mehr ist.

Sprachlich und grammatikalisch sind einige Fallen enthalten:

- Die Verwendung des substantivierten Partizip Präsens (»Lehrende)« ist im Plural leicht, im Singular muss man sich wieder für einen Artikel entscheiden, das Problem ist also nicht in jeder Situation gelöst.
- Die Varianten »LehrerInnen« und »Lehrer/innen« sind schriftlich erkennbar, beim Vorlesen nicht. Man kann Lesbarkeit jedoch als Kriterium für eine gute Sprache ansehen.
- Die durchgängige Verwendung der weiblichen Form (»Lehrerinnen«) kann beim Querlesen eines Buches missverstanden werden.

Mit diesen Beispielen und argumentativen Skizzen ist die Thematik angerissen – wie entscheiden Sie?

5. Instrumente zur inhaltlichen Analyse

- Ebenen pädagogischer Reflexion
- Die »Anstrengung des Begriffs«
- Der rote Faden
- Der eigenständige Beitrag
- Beschreiben, Interpretieren, Bewerten

Die folgenden Hinweise bieten Orientierungspunkte, um das Anspruchsniveau von wissenschaftlichen Texten oder Referaten zu analysieren und
zu verbessern. Dieses Kapitel wirkt der Tendenz entgegen, die aufwändige fachlich-inhaltliche und systematische Arbeit am Thema gegenüber
formalen und methodischen (z.B. die Präsentation und Gestaltung be-
treffenden) Aspekten zu vernachlässigen.

Ebenen pädagogischer Reflexion

Mit der in Abb. 13 (S. 55) dargestellten Einteilung lässt sich die Re-
flexionsebene analysieren, in welcher sich ein Text oder ein Textabschnitt
bewegt (vgl. als Einführung: Meyer 1997, 6. Lektion). Die folgenden
Überlegungen beziehen sich auf die Schulpädagogik, können jedoch
problemlos in andere Teildisziplinen der Pädagogik übertragen werden
(z.B. Sozialpädagogik, Erwachsenenbildung).

Ebene 0:
»Wirklichkeit«

Die *Ebene »Null«* ist die Unterrichts- und Schulwirklichkeit, die es an
sich nicht gibt, weil sie jeder anders wahrnimmt. Daher ist ein Verständi-
gungsprozess über Sprache und Handeln notwendig, um zu einer gemeinsamen Sichtweise zu kommen. Unter der *Ebene 1* (Subjektive Theo-

Ebene 1:
Subjektive
Theorien

rien) seien hier die Alltagstheorien verstanden, die z.B. Lehrkräften helfen, ihren Unterrichts- und Schultag zu bewältigen. Wenn Studierende
Schulen besuchen, im Unterricht hospitieren oder auf ihre Erfahrungen
als Schüler zurückgreifen, dann befinden sie sich zumeist auf dieser Ebene. Subjektive Theorien stellen darüber hinaus ein eigenes Forschungsge-

Ebene 2:
Ratgeber

biet dar (z.B. Groeben u. a. 1988). *Ebene 2* umfasst eine Vielzahl pädagogischer Ratgeberliteratur, die in hohem Maße von Studierenden und insbesondere Lehrkräften rezipiert wird. Dieser Literatur liegt der Versuch
zu Grunde, Schule zu verbessern und sich dadurch auf einer Ebene zu
bewegen, die für Lehrkräfte konkrete Hilfen bietet. Es geht also um eine

Ebene	Theorietyp	Konkretisierung des Theorietyps
4	Schultheorien	Historisch-systematische Gesamtdarstellungen von Schule, Theorien schulischer Sozialisation und schulischen Handelns
3	Leitbilder- und Leitbildkritik	Empirische und systematische Entwürfe von Schule, »Schule neu denken«, Reformpädagogik
2	Schulpädagogik als Handlungswissenschaft	Ratgeber, Rezepte und Handlungsanleitungen
1	Subjektive Theorien	Alltagstheorien von Praktiker/innen
0	Unterrichts- und Schulwirklichkeit	So ist die Schule, »wirklich«
(ver. n. Meyer 1997, S. 215–220)		

Abb. 13:
**Ebenen schul-
pädagogischer
Reflexion**

primäre Praxisorientierung, um reflektierte Antworten auf konkrete Fragen des Unterrichts- und Schulalltags. *Ebene 3* umfasst systematische oder empirische Entwürfe von Schule oder einzelnen Aspekten. Auf dieser Ebene ist explizit ein wissenschaftlicher Anspruch gesetzt. Auf der *Ebene 4* befinden sich umfassende theoretische und historisch-systematische Gesamtdarstellungen von Schule und ihrer Entwicklung bzw. der Gesellschaft, z.B. Schultheorien, Sozialisationstheorien, Systemtheorie, Konstruktivismus.

**Ebene 3:
systematische
oder empirische
Entwürfe**

Ebene 4: Theorien

Die Grenzen der Ebenen sind selbstverständlich unscharf. In einem weiten Verständnis geht es um die Frage, was Wissenschaft für die Praxis leisten kann: Wissenschaft ist dabei nicht direkt handlungsleitend, hilft jedoch, Situationen deuten und verstehen zu können und Konzepte zu entwickeln.

Inwiefern hilft diese Einteilung für wissenschaftliches Arbeiten an der Hochschule? Zwei Beispiele sollen dies verdeutlichen:

● Die Ebenen zeigen zunächst, welche Literatur einer Arbeit zu Grunde gelegt wurde, ob also z.B. nur Ratgeberliteratur verwendet wurde, ohne darüber hinaus über deren Aussagekraft zu reflektieren.
● Eine schulische Fallstudie, z.B. im Rahmen einer Hospitation, kann über Theorieentwürfe (z.B. Organisationstheorie) analysiert werden und die Aussagen der beteiligten Lehrerin bestätigen.

Ein bewusster und mit Substanz versehener Wechsel der Ebenen zeigt einen souveränen Umgang mit der Thematik.

**Reflektierter
Wechsel der
Ebenen**

Die »Anstrengung des Begriffs«

Die Sorgfalt einer wissenschaftlichen Arbeit zeigt sich insbesondere im Umgang mit den verwendeten (zentralen) Begriffen – die »Anstrengung des Begriffs« (Kant). In jeder Arbeit werden wichtige Begriffe häufig verwendet. Mindestens diese Begriffe sollten einer »Anstrengung« unterzogen werden. Abb. 14 (→ Kopiervorlage 9, S. 125) zeigt ein gut geeignetes Instrument zur Analyse von Begriffen. Dieses Instrument bereitet den roten Faden vor, ist also dem systematischen Schreiben vorangestellt. Zudem ist es als Übersicht (z.B. für Referate) und Nachweis der Strukturierung geeignet (z.B. für ein Exposé).

Abb. 14:
Begriffsanalyse

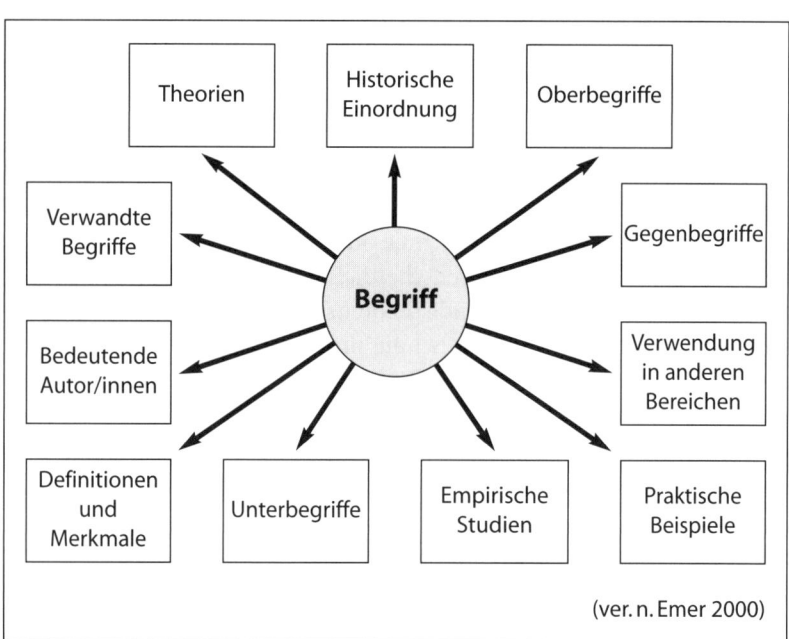

(ver. n. Emer 2000)

Die Begriffsanalyse eignet sich für die Bearbeitung von Texten. Dies sei an einem Beispiel skizziert:

Beispiel

> »Schule hat den Auftrag, Schülerinnen und Schüler bei ihrer Entwicklung zu einem mündigen, selbst bestimmten, kritischen und solidarischen Verhalten zu unterstützen. Lehrkräfte leisten dazu durch ihre Vorbildwirkung und ihren Erziehungs- und Bildungsauftrag einen unentbehrlichen Beitrag.«

In diesem Satz ist ein Begriff deplatziert: der Begriff »Verhalten«. Eine historische und theoretische Analyse könnte aufzeigen, dass dieser Begriff in Anlehnung an den Behaviorismus begründet werden kann und sich auf ein lediglich äußerlich sichtbares Merkmal bezieht. Innere Prozesse und der subjektive und selbst bestimmte Charakter können damit nicht beschrieben werden. Der Begriff »Verhalten« könnte im obigen Beispiel durch den Begriff »Handeln« ersetzt werden. Dieser Begriff wäre wiederum anhand weiterer Theorien zu konkretisieren (z.B. Weber 1972; Aebli 1980 und 1981; Leontjew 1982).

Die Annäherung an Begriffe kann zudem in einer chronologischen Abfolge schrittweise vorgenommen werden (Abb. 15).

1.	**Worterklärung**	Wörtliche Übersetzung, etymologische Bedeutung
2.	**Kurzdefinition**	Definieren, eingrenzen, abgrenzen
3.	**Merkmale**	Weitere Konkretisierung über die Definition hinaus
4.	**Historische Einordnung**	Entstehung und Bedeutungsveränderung
5.	**Einordnung in ein Begriffsfeld**	Ähnliche Begriffe, Verwendung und Definition verschiedener Autoren, Verwendung in anderen Bereichen (z. B. Wirtschaft) Gegenbegriffe, Über- und Unterbegriffe
6.	**Theoretische Strukturierung**	Zuordnung zu einer oder mehreren Theorien

Abb. 15:

Schritte bei der Analyse von Begriffen

Über die beiden Abbildungen ist ein recht umfassender Zugang zum Thema möglich – die inhaltliche Füllung mit Substanz muss jeweils geleistet werden.

Der rote Faden

Ausgehend von einer eingangs begründeten Fragestellung zieht sich ein roter Faden durch jede Arbeit. Er hält die Inhalte zusammen und verdeutlicht die innere Stringenz und Systematik. Der rote Faden kann durch Zusammenfassungen am Ende und zu Beginn von Abschnitten oder Kapiteln verdeutlicht werden, ebenso durch eine klare Gliederung und durch lesefreundliche Anleitung (z.B. »Im Folgenden beschreibe ich ...«; »In Kap. 2 hatte ich versucht ...«, »nun möchte ich ...«, »daher ...«, »darüber hinaus ...«). Die innere Verbundenheit und Stabilität des Textes werden erhöht. Dadurch wird dem Leser/der Leserin und dem Autor/der Autorin selbst die Verbindung zum Thema offensichtlich.

innere Stringenz und Systematik

Bewegt man sich vom roten Faden relativ weit weg und möchte trotzdem einen Aspekt verdeutlichen, lässt sich ein Exkurs einfügen. Gelegentlich bietet sich eine Visualisierung der Argumentation an, die den roten Faden durch die Kapitel hindurch legt. Diese Visualisierung muss dann natürlich mit inhaltlicher Substanz gefüllt sein, sie begründet an sich noch keinen roten Faden.

Kennzeichen für den Verlust des roten Fadens und wenig sorgfältiges Arbeiten sind beispielsweise:

Verlust des roten Fadens

- Der Text verliert sich in unbedeutenden Details.
- Zitate oder auch Grafiken, Abbildungen oder Tabellen werden nicht systematisch im Text verortet, also erläutert und vorbereitet, sondern lediglich aneinander gereiht.
- Der Text enthält widersprüchliche Ausführungen.
- Eingangs aufgeworfene Fragen oder Thesen werden zum Ende der Arbeit nicht abschließend aufgegriffen.
- Die Gliederung ist nicht einleuchtend, weil unwichtige Punkte als Überschriften deklariert sind.

Der (zeitweilige) Verlust des roten Fadens kann sich auch im Detail zeigen, wenn Zusammenhänge beschrieben sind, die inhaltlich nicht zutreffen, aber sprachlich so dargestellt werden, z.B. durch Füllwörter (daher, deshalb, aus diesem Grund, dies führt dazu ...). Der Text wirkt dann brüchig und seine innere Struktur instabil. Der Verlust des roten Fadens wird vom Leser/von der Leserin recht schnell erkannt – die Suche nach dem roten Faden ist mühsam und ärgerlich. Als Autor/Autorin hingegen denkt man fehlende Passagen und unklare Zusammenhänge möglicherweise intuitiv mit und setzt diese voraus. Daher ist es sinnvoll, den Text vorab einem »kritischen Freund« zur Korrektur vorzulegen.

Der eigenständige Beitrag

Die inhaltliche Arbeit an einem Text lässt sich in zwei Bereiche einteilen. Es kann sich um die Wiedergabe fremder Gedanken oder um einen inhaltlich eigenständigen Beitrag handeln (Abb. 16, S. 59).

Im zweiten Bereich geht man über die originäre Quellendarstellung hinaus. Zur Vermeidung von Missverständnissen: Bereits der erste Bereich kann eine hohe Leistung darstellen, beispielsweise bei der korrekten Zusammenfassung einer umfassenden, möglicherweise in mehreren Bänden beschriebenen Theorie. Mit der Unterscheidung sei jedoch verdeutlicht, dass die Darstellung eines bestimmten Inhalts alleine nicht immer ausreicht, um den eigenständigen Beitrag in einer Arbeit zu belegen. Die Art und Weise der Bearbeitung hängt wiederum ganz entscheidend von der Fragestellung ab, die in der Einleitung einer Arbeit formuliert wird. Bleibt die sorgfältige Formulierung dieser Frage aus, dann erhöht sich die Wahrscheinlichkeit, dass der eigenständige Beitrag einer Arbeit unklar bleibt.

Nicht nur Darstellung eines bestimmten Inhalts

Wiedergabe fremder Gedanken	Einen Inhalt zusammenfassen, wiedergeben, darstellen und analysieren. Dabei bezieht man sich auf Primär- oder Sekundärliteratur. Die Tätigkeit ist eher reproduktiver Art, man gibt fremdes Gedankengut wieder.	z.B. Die theoretischen Grundlagen der Pädagogik Maria Montessoris beschreiben.
Eigenständiger Beitrag	Einen eigenständigen Beitrag, eine neue Erkenntnis in Bezug auf diesen Inhalt erstellen, d.h. über den zunächst »reproduzierten« Teil »hinaustreten«.	z.B. Die Pädagogik Montessoris mit derjenigen von Helen Parkhurst vergleichen. Eigenständige Gedankengänge und Argumentationsstränge entwickeln. Einen besonderen Aspekt der Pädagogik Maria Montessoris vertieft analysieren.

Abb. 16:

Wiedergabe fremder Gedanken vs. eigenständiger Beitrag

Die Darstellung eines bestimmten Inhaltes läuft gelegentlich Gefahr, in einer reinen Auflistung zu verharren. Eigenständige Gedankenleistungen können jedoch nur in einem sorgfältig formulierten Fließtext präzisiert und differenziert erläutert werden. Dabei können durchaus bzw. sollten sogar Hinweise oder Zitate von anderen Schriften berücksichtigt werden, der dargestellte Gedankengang ist jedoch eigen. Diese Überlegungen werden in der folgenden Abbildung (Abb. 17, S. 60) deutlich. Die Gegenüberstellung zeigt dasselbe Thema, ein Ausschnitt aus der Leistungsbeurteilung des Reformpädagogen Célestin Freinets (Fertigkeitsbescheinigungen), das auf unterschiedliche Weise in zwei Hausarbeiten dargestellt und bearbeitet wird.

Die Studentin A. hat lediglich die einzelnen Bestandteile der Leistungsbeurteilung von Freinet aneinander gereiht. Die Studentin B. hingegen hat versucht, einen eigenständigen (Fließ-)Text zu erstellen und dadurch gleichzeitig eine inhaltliche Struktur entwickelt: Sie erläutert zunächst wie sie vorgeht, beschreibt anschließend die Merkmale und Verfahren zur Erlangung der Bescheinigungen, analysiert sie und ordnet sie in Freinets Pädagogik ein. Studentin A. wagt sich, möglicherweise aus Unsicherheit, nicht an eine eigenständige Texterstellung, sondern zieht sich, möglicherweise in der Annahme, sie beschreibe das Thema damit sachlich und distanziert – »wissenschaftlich«, auf eine reine Auflistung zurück. Der Leser muss hier selbst deuten, welche Charakteristik, welche Stärken und Schwächen, welche Relevanz die Fertigkeitsbescheinigungen Freinets haben. Mittels einer reinen Auflistung lässt sich jedoch ein eigenständiger Beitrag überhaupt nicht entwickeln, hier ist ein Fließtext notwendig, der es erlaubt, sprachlich und analytisch ins Detail zu gehen

sorgfältiger Fließtext ermöglicht detaillierte Analyse

Abb. 17:

Ausschnitte aus zwei Hausarbeiten zum selben Thema (Leistungsbeurteilung bei C. Freinet) – ein Vergleich

Studentin A	Studentin B
»6.3 Fertigkeitsbescheinigungen (les brevets) – Freinet verwendet die sogenannten Fertigkeitsbescheinigungen, um Zeugnisnoten zu vermeiden. – Idee stammt von Baden-Powell, dem Gründer der Pfadfinderorganisation – Freiwillige Anstrengung des Schülers (Leisten-Wollen, nicht Leisten-Müssen) – Damit er eine Fertigkeitsbescheinigung erhält, muss der Schüler ein Meisterstück anfertigen, einen theoretischen Rechenschaftsbericht abgeben, einige praktische Aufgaben lösen. – Bsp. Brevet für Erdkunde: 1. Meisterstück: Herstellung eines Reliefs, ... (...)«	6.3. Fertigkeitsbescheinungen (les brevets) »Ein weiteres Element der Leistungsbeurteilung bei Freinet sind seine Fertigkeitsbescheinigungen (brevets). Zunächst beschreibe ich sie, bevor ich anschließend darstelle, auf welche Weise sie die Beurteilung im Rahmen des Arbeitsplanes ergänzen und in Freinets theoretische Konzeption eingefügt werden können. Die Anforderungen an ein ›brevet‹ sind recht hoch. Die Schüler müssen dazu drei Teilprüfungen absolvieren. Der erste Teil besteht im Anfertigen eines Meisterstückes ... (...) Mit den Fertigkeitsbescheinigungen knüpft Freinet an sein Prinzip der engen Verbindung von Leben und Schule an. Dies wird durch folgendes Zitat seiner Frau Elise deutlich: ›Theoretisch wissen wir, daß die Schule nicht für Prüfungen gemacht ist, sondern zur optimalen Vorbereitung der Kinder auf das Leben‹.« (E. Freinet 1981, S. 43)

und eigene Gedankengänge sorgfältig zu beschreiben. Studentin B. eröffnet mit ihrem Zugang ein höheres Anspruchsniveau an ihren Text und belegt nebenbei einen souveränen Umgang mit der gelesenen Literatur.

Beschreiben, Interpretieren, Bewerten

Drei Ebenen des Schreibprozesses

Mit Beschreiben, Interpretieren und Bewerten sind drei Ebenen eines Denk- bzw. Schreibprozesses benannt. Die Trennung der drei Ebenen ist sowohl bei schriftlichen Arbeiten als auch bei Referaten wichtig, sie verdeutlicht einen reflektierten und sachlich-distanzierten Umgang mit dem Thema. Bei der folgenden Darstellung dieser drei Ebenen folge ich Kiel (2001).

● Auf der ersten Ebene des Beschreibens werden die einzelnen Elemente des Gegenstandes und ihre Beziehung untereinander in Blick genommen: Auflisten, Benennen, Definieren. Hier werden noch nicht die Hintergründe und Ursachen dargestellt, es geht also noch nicht um die Frage nach dem »Warum?« und »Wozu?«. (Kiel 2001, S. 59)

● Auf der zweiten Ebene des Interpretierens kann man nun Schlussfolgerungen ziehen. Die Frage nach dem »Warum« verweist auf ursächliche Zusammenhänge. Die Frage nach dem »Wozu« verweist auf abschließende teleologische Überlegungen (vgl. Kiel 2001, S. 59; Spaemann/Löw 1991). Ingesamt geht es um »das Schlussfolgern und Zumessen von Bedeutung nach dem Beschreiben durch die Angabe von Gründen für Elemente und ihre Beziehungen.« (Kiel 2001, S. 60)

● Erst auf der dritten Ebene des Bewertens werden negative oder positive Aussagen formuliert. Die Bewertung erfolgt auf dem Hintergrund eines Maßstabes, der auf dieser Ebene durchaus auch persönlicher oder normativer Art sein kann, z.B. durch Abgleichen einer Aussage mit einem bestimmten Menschenbild oder eigenen Erfahrungen, der Maßstab kann ebenso auf vorgegebenen und standardisierten Kriterien beruhen. (Kiel 2001, S. 60f.)

Im Folgenden seien die drei Ebenen anhand einer Ergebnisgrafik (Abb. 18) aus der PISA-Studie dargestellt.   **Beispiel**

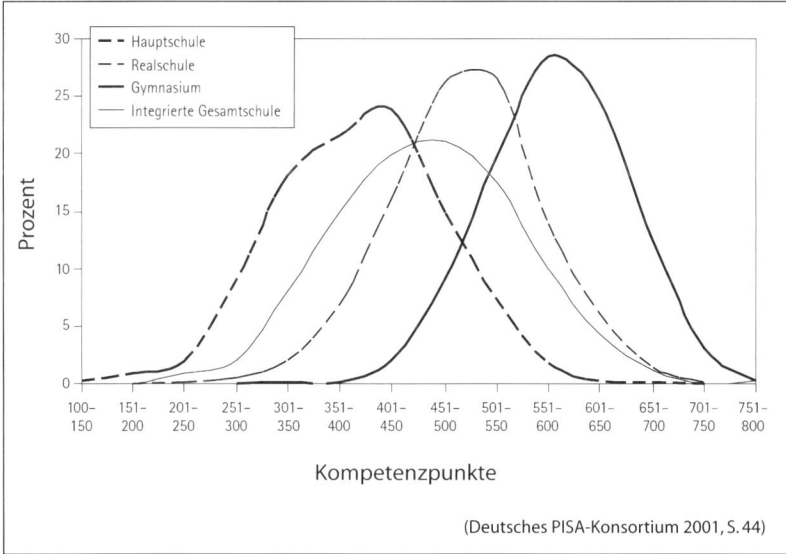

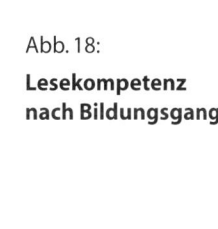

Abb. 18:

Lesekompetenz nach Bildungsgang

(Deutsches PISA-Konsortium 2001, S. 44)

Zunächst können die einzelnen Elemente der Grafik beschrieben werden. Auf der y-Achse sind Prozentwerte abgebildet, auf der x-Achse Kompetenzpunkte, die aus einem fünfstufigen Modell zur Lesekompetenz errechnet wurden. Die vier Kurven stehen für die Leistungen von Schülerinnen und Schülern im untersuchten Bereich aus den vier Schulformen. Die *Beschreibung* könnte sich nun fortsetzen, in dem auf den Zu-   **Beschreibung** sammenhang von Schulform und Kompetenzbereich sowie Höhe und Steilheit der Kurven und ihre Überlappungsbereiche eingegangen wird. Im Übrigen wird die Ebene des Beschreibens gerade bei Grafiken häufig vernachlässigt und vorausgesetzt, dass (z.B. im Rahmen von Referaten) die Zuhörerinnen und Zuhörer die gesamten Informationen zügig entnehmen können.

Interpretation   Zur *Interpretation* der Grafik ist es nun notwendig, »hinter« die rein sichtbaren Informationen zu blicken. So könnte man, um die Schlussfolgerungen zu fundieren, auf ähnliche oder weitere wichtige Befunde aus anderen Studien verweisen, um anschließend mögliche Ursachen für die unterschiedlichen Kurven darzustellen. Beispielsweise ließen sich für das schwächere Leistungsbild der Hauptschülerinnen und Hauptschüler im untersuchten Bereich geringeres Selbstvertrauen, niederer Bildungsgrad der Eltern und geringe Sprachkenntnis anführen. Eine konträre (und sicher streitbare) Interpretation läge darin, das schwächere Abschneiden ursächlich begabungstheoretisch oder gar mit genetischer Anlage zu interpretieren.

Bewertung   Bei der *Bewertung* könnte man zu dem Urteil kommen, die Überlappungen der Kurven seien so groß, dass ein gegliedertes Schulwesen nicht haltbar sei. Wiederum könnte eine konträre Bewertung darin bestehen, die Überlappungsbereiche als gering einzustufen und daraufhin ein gegliedertes Schulwesen zu legitimieren.

Es sollte deutlich werden, dass die Bewertung durch vorangegangene Argumentationen sorgfältig vorbereitet wird. So wird die Bewertung der PISA-Grafik anders ausfallen, wenn man sie in ein breites Spektrum weiterer Befunde (z.B. zum Selbstvertrauen) einbetten kann und nicht isoliert als private Meinung kennzeichnet.

Die Unterscheidung der drei Ebenen lässt sich bei vielen anderen Gegenständen anwenden, z.B. einem Gemälde, einem Text, einem Unterrichtsprotokoll.

6. Bearbeitung von Texten in Lehrveranstaltungen

- Didaktische Überlegungen
- Variationsmöglichkeiten

Didaktische Überlegungen

Die Bearbeitung von wissenschaftlichen Themen erfolgt auf der Grundlage eines bestimmen inhaltlichen Inputs. Dabei kann es sich beispielsweise um einen Film, um eine historische Quelle oder um einen Text handelt. Sehr häufig wird in Lehrveranstaltungen mit Texten gearbeitet, die als Kopien ausgeteilt und von Studierenden bearbeitet werden. Die Bearbeitung der Texte ermöglicht eine intensive Auseinandersetzung mit einem Gegenstand, sie ist notwendiger Bestandteil des wissenschaftlichen Studiums.

notwendiger Bestandteil eines wissenschaftlichen Studiums

Die Bearbeitung von Texten erfolgt in mindestens drei Phasen: Arbeitsauftrag, Bearbeitung, Auswertung.

Arbeitsauftrag

Der Dozent/die Dozentin oder auch Studierende (z.B. wenn die Textarbeit im Rahmen von Referaten erfolgt) formuliert den Arbeitsauftrag – ein anspruchsvolles Unterfangen, das vorentscheidend für den weiteren Seminarverlauf ist. Ein guter Arbeitsauftrag beinhaltet folgende Aspekte:

- Einordnung des Arbeitsauftrags in Gesamtthema der Veranstaltung
- Hinweise zur Organisation und Methodik (Bearbeitungshinweise, Sozialform, Arbeitsform)
- Fragestellung(en) (evtl. arbeitsteilig)
- Zeitplanung (mindestens für die drei grundlegenden Phasen)
- Hinweis zur Auswertung bzw. Zusammenführung der Ergebnisse
- Umgang mit offenen Fragen und Unklarheiten (Beratungsmöglichkeiten, weitere Recherchen in Bibliothek etc.)

Guter Arbeitsauftrag

Der Arbeitsauftrag kann schriftlich oder mündlich erteilt werden. Sinnvoll ist eine visuelle Unterstützung (Folie, Kopie) – insbesondere dann, wenn die Textarbeit außerhalb der Veranstaltung fortgesetzt wird.

Bearbeitung

Die Teilnehmerinnen und Teilnehmer bearbeiten die Texte, d.h., sie lesen, markieren, beantworten die Fragen, machen Notizen etc. In aller Regeln erfolgt mindestens der erste Teil dieser Phase als Einzelarbeit, eventuell mit arbeitsteiligen Aufgaben. Innerhalb der Bearbeitungsphase können dann die individuellen Ergebnisse zusammengeführt werden.

Auswertung

Die Ergebnisse werden zusammengeführt, z.B. in Partnerarbeit, Klein-gruppenarbeit oder im Plenum. Der zeitliche Aufwand für diese Phase wird häufig unterschätzt. Wenn z.B. sechs Kleingruppen ihre Ergebnisse jeweils fünf Minuten vorstellen, dann sind mehr als 30 Minuten notwendig. Diese Phase muss keinesfalls notwendigerweise im Plenum stattfinden, sie kann ebenso (mindestens in einem ersten Teil) in Partnerarbeit oder Gruppenarbeit organisiert werden. Zum Ende dieser Phase ist in jedem Fall zu klären, wie mit offenen Fragen umgegangen wird.

Variationsmöglichkeiten

Zusammenspiel von Inhalt und Methode

Die drei Phasen lassen sich sehr unterschiedlich gestalten – womit die Motivation, Kreativität und Methodenkompetenz, insbesondere jedoch auch die fachliche Tiefe erhöht werden kann. Es geht also nicht um einen beliebigen und unbegründeten Methodenwechsel, sondern um ein sorgfältiges Zusammenspiel von fachlichem Gegenstand und angemessener Bearbeitung. So lässt sich ein Text nur visualisieren, wenn er eine systematische innere Struktur und Klarheit besitzt. Ein dreiminütiges Kurzreferat ist nicht bei einer ersten Konfrontation mit einem Text von Niklas Luhmann sinnvoll – möglicherweise jedoch eine Annäherung an den Text über zentrale Begriffe. Die Methode des Gruppenpuzzles ist nur geeignet, wenn der Text bzw. das Themas hinsichtlich Schwierigkeit und Umfang sinnvoll unterteilbar ist. Die folgenden Vorschläge* sind daher in enger Verbindung mit dem Gegenstand zu sehen und nicht beliebig einsetzbar.

---

*   Weitere Variationen und Vertiefungen können bei Wahl/Wölfing (1995) sowie Gugel (1997 und 1998) nachgelesen werden.

Vorschlag 1: Den Text visualisieren

Visualisierung

Aus einem Text kann eine visualisierte Zusammenfassung entstehen, z.B. eine Zeitleiste zu einer chronologischen Beschreibung, ein Flussdiagramm als Abbild des forschungsmethodischen Vorgehens einer Untersuchung, eine Mindmap, um den Zusammenhang zentraler Begriffe einer Theorie zu verdeutlichen. Dieses Verfahren ist ergiebig, wenn man Unterschiede der Visualisierungen analysiert und als Anlass zur weiteren Vertiefung nutzt.

Vorschlag 2: Die Kernaussage(n) aus jedem Kapitel herausarbeiten

Kernaussagen

Die Arbeit an Kernaussagen einzelner Kapitel ist einfacher als z.B. eine Zusammenfassung des gesamten Textes. Kapitel geben eine klare Struktur vor, die sich Schritt für Schritt erarbeiten lässt. Auch schwächere Leser/innen bzw. diejenigen mit wenig Vorwissen kommen zu einem Ergebnis.

Vorschlag 3: Ein dreiminütiges Kurzreferat vorbereiten

Kurzreferat

Eine klare Zeitvorgabe verpflichtet zu präziser Vorbereitung. Der Fokus liegt hier nicht bei einer konkreten Leseaufgabe, sondern bei der Präsentation des Ergebnisses – wie die Vorbereitung genau aussieht bzw. welche Inhalte vorgestellt werden, bleibt offen. Die Vorstellung vor dem Plenum hat einen hohen Aufforderungs- und Verbindlichkeitscharakter.

Vorschlag 4: Kärtchen mit Aufgaben vorbereiten

Aufgaben

Die Teilnehmer/innen erhalten eine konkrete Aufgabe (z.B. »Nennen Sie Kritikpunkte der Autorin an ...«), diese kann arbeitsteilig oder arbeitsgleich formuliert sein. Die stichwortartigen Antworten werden auf Kärtchen geschrieben, die dann auf einer vorstrukturierten Stellwand geordnet werden.

Vorschlag 5: Eine Frage an den Text stellen und diese selbst beantworten

eigene Frage formulieren

Diese Aufgabe differenziert automatisch: Jeder kann eine eigene Frage formulieren. Das Anspruchsniveau variiert, z.B. auf Grund unterschiedlichen Vorwissens oder unterschiedlich gründlicher Vorbereitung. Das

Anspruchsniveau lässt sich mit Hilfe der Aufgabenstellung variieren, z.B.: »Verwenden Sie zur Beantwortung Ihrer Frage mindestens eine Quelle, die nicht im Text genannt wird.« Eine textimmanente Beantwortung genügt also nicht.

Zusammenfassung *Vorschlag 6: Den Text auf (z.B.) einer Seite zusammenfassen*

Eine recht enge Grenze für die Zusammenfassung anzugeben »zwingt« die Leser/innen, genau zu überlegen, welche Inhalte wesentlich sind. Der einheitliche Umfang erleichtert die Bearbeitung in der Veranstaltung, z.B. wenn die Zusammenfassungen in Kleingruppen ausgetauscht und diskutiert werden.

Dilemma *Vorschlag 7: Aus dem Kern der Textaussage ein Dilemma formulieren*

Eine oder mehrere Dilemmata eignen sich vorzüglich, um den Kern eines Themas, das sich aus der Lektüre eines Textes ergibt, offen zu legen. Diese können in Partnerarbeit oder über die Methode des Kugellagers (Innenkreis und Außenkreis) diskutiert werden. Inhaltlich eignet sich dieses Vorgehen beispielsweise bei pädagogischen oder moralischen Themen, z.B. »Wenn Sie dem Schüler K. die Note 5 geben, muss er die Klasse wiederholen – was tun Sie?«, »Sie könnten einen Anschlag verhindern, indem Sie einen Gefangenen foltern – was tun Sie?«. Diese Diskussionen eignen sich als Einstieg in ein Thema.

Auswahl *Vorschlag 8: Verschiedene Aufgaben zur Auswahl stellen*

Die Auswahl aus mehreren Optionen wirkt motivierend. Die Zusammenführung bündelt unterschiedliche Zugänge. Beispiele: 1. Option: »Formulieren und begründen Sie zwei Fragen an die Autorin des Textes.« 2. Option: »Visualisieren Sie die Struktur des Textes.« 3. Option: »Verfassen Sie einen einseitigen Abstract.«

Gruppenpuzzle *Vorschlag 9: Gruppenpuzzle (Jigsaw-Methode)*

Diese Variation der Kleingruppenarbeit beruht auf einer Einteilung in Stamm- und Expertengruppen. Zunächst werden Stammgruppen gebildet. Jedes Mitglied erhält einen anderen Teil des Textes. Nun treffen sich diejenigen, die denselben Teil haben, in den Expertengruppen. In der Expertengruppe wird der Text so lange bearbeitet (gegebenenfalls entlang bestimmter Fragen), bis sich alle darin sicher fühlen – also wirkliche Expertinnen und Experten sind. Mit dieser Expertise gehen sie wieder in die Stammgruppe zurück. Hier stellen sie ihren Textteil vor, und die Gruppe erarbeitet die Gesamtstruktur und -bedeutung des Textes.

Vorschlag 10: Reziprokes Lehren

Reziprokes Lehren

Diese aus Amerika stammende Variante gibt eine Gesprächsstruktur vor, mit deren Hilfe ein Text bearbeitet werden kann (vgl. Aeschacher 1989). Im Anschluss an die Lesephase erfolgt ein Gespräch in Gruppen. Die Teilnehmer/innen übernehmen abwechselnd die leitende Funktion. Dieses Gespräch erfolgt in vier Schritten:

1. Der Leiter/die Leiterin formuliert Fragen, die sich aus dem Text heraus beantworten lassen (textbasierte Fragen).
2. Der Leiter/die Leiterin fasst den Text zusammen, hierbei sind die anderen Teilnehmer/innen aufgefordert, zu ergänzen oder zu korrigieren.
3. Der Leiter/die Leiterin arbeitet selbst offene Fragen heraus, die an die Gruppenmitglieder weitergegeben werden.
4. Der Leiter/die Leiterin blickt über den Text hinaus nach vorne: Was könnte inhaltlich anschließen?

M.E. können die vier Schritte, insbesondere der letzte Schritt durchaus variiert werden (der letzte Schritt könnte z.B. in einer Abschlussdiskussion münden). Bei dieser Variante ist vielmehr die hohe Bedeutung des Leiters/der Leiterin entscheidend – die gerechtfertigt ist, da damit erstens Gesprächsleitungskompetenzen geschult werden und zweitens die Rolle wechselt. Reziprokes Lehren ist aus diesem Grund weniger als einmalige Variante geeignet, sondern sollte vielmehr mit denselben Teilnehmer/innen systematisch und mehrfach realisiert werden.

Vorschlag 11: Präzise Fragen vorgeben

Fragen vorgeben

Dadurch ist die zielgerichtete Bearbeitung eines Textes eher gesichert. Mögliche Fragen zur Analyse eines wissenschaftlichen Textes könnten sein: Ist die Struktur des Textes klar erkennbar und sinnvoll? Werden unterschiedliche Positionen/Theorien einbezogen? Wird die zentrale Frage/Problemstellung deutlich? Welche methodische Vorgehensweise ist erkennbar? Ist die Argumentation verständlich und präzise?

Auswertungsphase   *Vorschlag 12: Differenziertes Vorgehen in der Auswertungsphase*

Die Vorstellung der Arbeitsergebnisse lässt sich abwechslungsreich organisieren. Ermüdend ist es, wenn die Ergebnisse der Reihe nach vorgestellt werden. Alternativ könnte man wie folgt vorgehen:

● Eine Person stellt ihre Ergebnisse im Plenum vor, die anderen ergänzen lediglich fehlende Aspekte.
● Mehrere Teilnehmer/innen stellen ihre Ergebnisse vor – die anderen konzentrieren sich auf Übereinstimmungen und Widersprüche.
● Zu jedem Thema wird ein »Aquarium« organisiert. In diesem Setting werden kreisförmig mehrere Stühle bereitgestellt, die wechselnd besetzt werden. Dadurch kann ein Thema dynamisch diskutiert und mit jeweils neuen Beiträgen angereichert werden. Wichtig ist die Strukturierung durch einen Moderator/eine Moderatorin.
● Schriftliche Ergebnisse (z.B. Zusammenfassungen s.u.) werden in Partner- oder Kleingruppenarbeit ausgetauscht, gegengelesen und anschließend diskutiert.
● Die mündliche Vorstellung erfolgt in Partner- oder in Kleingruppenarbeit. Lediglich präzise formulierte Fragen und Diskussionsaspekte werden im Plenum besprochen. Diese Variante ist m.E. besonders effektiv und motivierend.

Der Leiter/die Leiterin sollte in der Lage sein, die Diskussion inhaltlich und methodisch zu leiten und sie in den weiteren Verlauf des Seminars zu integrieren.

7. Referate

- Ziele und Bestandteile eines Referats
- Vorbereitung
- Seminarskript
- Durchführung
- Der schriftliche Bericht (»kleine Hausarbeit«)

Ziele und Bestandteile eines Referats

Ein Referat erfordert verschiedene Fähigkeiten. Im ursprünglichen Sinne des Wortes handelt es sich bei einem Referat »lediglich« um einen Bericht, einen Vortrag. Das Wort stammt aus dem Lateinischen und bedeutet »er möge berichten«. Ich gehe hier jedoch in zweifacher Hinsicht von einem breiteren Begriff aus:

- Es handelt sich nicht nur um das Reproduzieren von Texten, sondern auch um möglicherweise neue Gedanken, neue Kontexte, um ein kritisch-konstruktives Analysieren und Bewerten von Inhalten. Allerdings: Zunächst sollten die Inhalte mit wissenschaftlichen Maßstäben sorgfältig durchgearbeitet und sachlich dargestellt werden. Erst anschließend ist es sinnvoll, persönliche Bewertungen und Kritikpunkte gezielt und begründet einzubringen. **wissenschaftlicher Anspruch**
- Zu jedem Referat zählen didaktische Aspekte, z.B. Umgang mit Medien, Gliederung, Teilnehmerorientierung, Erstellen von Handouts. Auch rhetorische und zwischenmenschliche Aspekte zählen dazu, z.B. verständliche Sprache, eine freundliche und teilnehmerzugewandte Mimik und Gestik oder der verbindliche Umgang mit Fragen. **Didaktischer Anspruch**

Ungute Erfahrungen mit abgelesenen, langweiligen, schlechten Referaten sind kein Zufall, sondern das Resultat mangelnder Übung, falscher Einschätzung und ungenügender Vorbereitung auf Seiten des Referenten/ der Referentin sowie fehlender Unterstützung an der Hochschule. Fatalerweise wird die Fähigkeit, Referate halten zu können, an der Hochschule häufig erwartet und vorausgesetzt, und zwar von Beginn an, jedoch nur selten gefördert. Daher ist es sinnvoll und keinesfalls ein Zeichen von Schwäche, den Dozenten/die Dozentin um Beratung zu bitten oder hilfreiche Literatur einzufordern.

Eine Zusammenfassung wesentlicher Aspekte bieten die »Checkliste Referat« (→ Kopiervorlage 14, S. 131) und der »Feedback-Bogen Referat« (→ Kopiervorlage 15, S. 132).

Ziele   Ein mündliches Referat an der Hochschule verfolgt mindestens drei Ziele:

- Ein Themengebiet mit wissenschaftlichen Maßstäben bearbeiten.
- Die Kunst des Referierens üben und sich dabei verbessern.
- Den anwesenden Zuhörerinnen und Zuhörern einen Sachverhalt vermitteln.

Die notwendigen rhetorischen, methodischen, kommunikativen oder mediendidaktischen Fähigkeiten sind zweifellos auch im späteren Berufsleben hilfreich. Ein Referat im Studium ist daher auch ein sinnvolles Übungsfeld.

Vorbereitung

Die Vorbereitung des Referats ist Teil des Arbeitsprozesses und wird hier nicht näher ausgeführt (vgl. Kap. 3). Folgende Bereiche sind angesprochen: Wahl eines angemessenen Themas, Möglichkeiten der Informationsbeschaffung, wissenschaftlicher Umgang mit Informationen und **Manuskript**   Texten u.a. Die Vorbereitung mündet in ein persönliches Manuskript, das dem Referat zu Grunde liegt. Je nach Bedarf und Erfahrung kann das Manuskript als Fließtext oder stichwortartig ausformuliert sein. Grundsätzlich empfiehlt sich jedoch eine detaillierte Ausformulierung, vor allem wenn noch ein schriftlicher Bericht erstellt wird. Die Länge des Manuskripts ist auf die verfügbare Referatszeit ausgerichtet.

Absprachen   Zur Vorbereitung zählt die Absprache mit weiteren Referent/innen, sofern es sich um ein Zweier- oder Gruppenreferat handelt. Dabei sollte die inhaltliche und organisatorische Aufteilung bekannt sein. Eine fundierte Zusammenarbeit und Vorbereitung zeigt sich im Übrigen in inhaltlichen Querverweisen und gegenseitigen Ergänzungen.

Seminarskript

Zu jedem Referat gehört ein zusammenfassendes Skript, das an die Teilnehmerinnen und Teilnehmer ausgeteilt wird. Besonders empfehlenswert ist es, dieses Handout bereits in der vorherigen Sitzung auszuteilen und damit eine zielgerichtete Vorbereitung zu ermöglichen. Das Seminarskript sollte inhaltlich den roten Faden des Referates nachzeichnen und verdeutlichen. Es ist hilfreich, dabei die Gliederung des Referates identisch zu übernehmen, sodass die Gliederung des Referenten/der Referentin mit der Gliederung der Zuhörerinnen und Zuhörer übereinstimmt. Gekürzt wird sinnvollerweise nicht bei den Überschriften oder Unterüberschriften, sondern bei den weiteren Ausführungen, d.h., es genügt, unter die Überschriften einige Stichworte oder Sätze zu formulieren, sodass man den Ausführungen gut folgen kann. Detailliertere Aufschriebe können die Teilnehmerinnen und Teilnehmer selbst erstellen. Das Skript verdeutlicht also das inhaltliche Grundgerüst und bietet damit eine Orientierung. Zudem ist mit einem guten Handout der Anspruch verfolgt, das Thema in seiner Gesamtheit darzustellen. Die Teilnehmer/innen erhalten eine in sich geschlossene und formal vollständige Zusammenfassung des Themas. Das Seminarskript kann methodische Hinweise enthalten, z.B. **Inhaltliches Grundgerüst**

- eine Übersicht über den geplanten Ablauf, Zeitrahmen, Aufteilung unter den referierenden Gruppenmitgliedern; **Methodische Hinweise**
- Arbeitsthesen;
- Fragen für die Gruppenphase;
- provokative Fragen zum Abschluss;
- wichtige Aspekte können eingerahmt sein.

Selbstverständlich erfüllt das Seminarpapier alle Kriterien wissenschaftlichen Arbeitens, z.B. Quellenangaben, korrekte Zitierung, vollständige Literaturangaben. Eine stichwortartige und spiegelstrichartige Auflistung verleitet zuweilen dazu, z.B. die korrekte Zitierung zu vernachlässigen. Darüber hinaus sollte das Seminarpapier folgenden formellen Ansprüchen genügen:

- Im Kopf der ersten Seite steht der Name des Dozenten/der Dozentin, Semester, Datum, Seminartitel, Name der Referentinnen und Referenten. **Formale Aspekte**
- Die weitere Gliederung folgt dem persönlichen Vortragsmanuskript.
- Die inhaltlichen Ausführungen können gezielt abgeschlossen werden, z.B. mittels kurzer Zusammenfassung, provokativer oder weiterführender Fragen, Thesen oder Anleitungen für die weitere Diskussion.
- Am Ende stehen die Literaturhinweise. Hier wird die verwendete Literatur nach einem einheitlichen Schema aufgeführt.

Insgesamt verdeutlicht das Seminarskript die Sorgfalt, mit der gearbeitet wurde, z.B. wird sofort erkenntlich, ob sich die referierenden Gruppenmitglieder über die Art und Ausführlichkeit ihres jeweiligen Parts verständigt haben oder ob die einzelnen Teile lediglich aneinander gefügt sind. Eine sorgfältige Literaturliste (möglichst mündlich oder schriftlich kommentiert) ist ein Indiz für eine bewusste und sorgfältige Literaturrecherche.

sparsam kopieren

Abschließend ein praktischer Hinweis: Aus ökologischen und organisatorischen Gründen genügt es m.E. vollkommen, wenn die Kopien verkleinert sind. Vier DIN-A4-Seiten passen dann auf ein Blatt (quer, je Kopierseite zwei originale Seiten, Vorder- und Rückseite). Noch sinnvoller ist es natürlich, das Seminarskript frühzeitig ins Internet zu stellen.

Durchführung

Hinweise zur Vortragstechnik und Zeitplanung

Der Sprachstil ist bei einem mündlichen Vortrag anders als bei einer schriftlichen Ausarbeitung. Nicht zuletzt sind manche Referate aus diesem Grund schwer verständlich: Während auch lange und verschachtelte, schriftlich formulierte Sätze und Textpassagen über langsames oder ggf. mehrfaches Lesen verständlich werden, sind dieselben Sätze als schnell gesprochene Teile eines Referates nicht nachvollziehbar. Folge: Die Zuhörerinnen und Zuhörer »schalten ab«. Die Sätze sollten also weder abgelesen noch von der schriftlichen Version komplett übernommen werden, sondern kurz sein. Verschachtelungen, lange Zitate, unnötige Fremdwörter und Substantivierungen sollten vermieden werden. Hilfreich sind z.B. Pausen, Wiederholungen, Veranschaulichungen über (Gegen-)Beispiele, (Zwischen-)Zusammenfassungen, vorausschauende Überblicke, Visualisierungen, Rückblicke. Dies alles gelingt relativ einfach, wenn man sich gut vorbereitet und dann lediglich Stichworte notiert – und nicht den gesamten Fließtest abliest. Pausen, die der Referent/die Referentin benötigt, kommen dem Publikum entgegen. Zuweilen können Pausen auch gezielt eingeplant werden, z.B. indem Zuhörerinnen und Zuhörer bewusst zwei Minuten zum Nachdenken erhalten und man diese Zeit auch für sich als Referent/in nutzt (z.B. um sich zu sammeln, um kurz zu reflektieren, um eine Visualisierung vorzubereiten). Das bewusste Setzen von Pausen ist im Übrigen ein äußerst wirkungsvolles rhetorisches Mittel.

hilfreiche rhetorische Mittel

Schwierig ist die genaue Zeitplanung. Selbst erfahrene Referentinnen und Referenten verschätzen sich sehr schnell. Sofern keine oder nur wenig Erfahrung mit Referaten besteht, sollte der Vortrag unbedingt eingeübt werden. Auch die Planung von aktivierenden Phasen, z.B. Gruppenarbeit, sollte organisatorisch und zeitlich durchdacht werden – diese Phasen sind nach meinen Erfahrungen extrem häufig die Ursache für

sorgfältige Planung der teilnehmeraktivierenden Phase ...

große Zeitnot. Insbesondere die Auswertungsphase am Ende einer Gruppenarbeit wird leicht unterschätzt. Zwei Hinweise können hier hilfreich sein:

Für die gesamte Gruppenphase kalkuliert man ungefähr die doppelte Zeit, die man alleine bräuchte, um z.B. den Text zu lesen, Fragen zu beantworten und Ergebnisse vorzustellen.

Für die Auswertungsphase sollte exakt überlegt werden, wie viele Gruppen ihre Ergebnisse in welcher Länge vorstellen. Dies hängt davon ab, ob die Arbeitsaufträge identisch sind. Bei identischen Arbeitsaufträgen genügt es, wenn eine Gruppe (welche?) die Ergebnisse genauer vorstellt und die anderen Gruppen lediglich neue Aspekte ergänzen. Bei unterschiedlichen Arbeitsaufträgen sollte man exakte Zeitvorgaben machen – bei vier Gruppen à 5 Minuten sind bereits 20 Minuten vorbei!

Phasen und Gliederung des Referats

Ein Referat kann in verschiedene Phasen eingeteilt werden. Eine gängige Einteilung könnte so aussehen (Abb. 19, S. 74).

Die Einteilung in diese Phasen erleichtert die Orientierung und lässt sich häufig sachlogisch begründen. Andererseits sollten die einzelnen Phasen keinesfalls strikt und dogmatisch eingehalten werden – sofern sich eine andere Einteilung anbietet und begründen lässt. Referate leben von gezielt ausgewählten, kreativen, motivierenden, außergewöhnlichen Elementen und nicht von der Anhäufung aller Möglichkeiten. Einige Beispiele möchte ich nennen:

- *Interaktiver Einstieg.* Die Teilnehmerinnen und Teilnehmer können damit überrascht werden, dass zu Beginn ein Rollenspiel, eine Gruppenaufgabe o.Ä. eingeplant ist. Damit kann eine sinnvolle gemeinsame Erfahrung zu Grunde gelegt werden, auf die man sich im weiteren Verlauf beziehen kann.
- *Persönliche und erfahrungsbezogene Einstiege.* Eine persönlich erlebte Situation kann Anlass zur genaueren Bearbeitung des Themas gewesen sein. Dies kann z.B. über ein kurzes Interview mit einer Lehrerin oder einem Jugendlichen erhellt werden.
- *Medieneinsatz.* Fernab von Overhead, Powerpoint, Moderatorenkärtchen oder Video können weitere Medien gezielt eingesetzt werden, z.B. Bilder, Gemälde, Fotos, historische Bände. »Gezielt« heißt, dass sie zum Thema passen und auch vertiefend verwendet werden und in den Gesamtkontext sinnvoll eingebunden sind.
- *Wechsel informierender und eigenaktiver Phasen.* Der Referent/die Referentin bietet notwendige Informationen in mehreren Kurzvorträ-

Phasen	Erläuterung	Beispiele/Konkretisierung
1. Einstieg	Das Referat wird eröffnet, die Absicht wird dargestellt, das Vorgehen wird transparent.	• Eine persönliche Motivation beschreiben. • Thema und Ziel des Referats vorstellen. • Eine Übersicht über den Ablauf geben oder einen Advance Organizer vorstellen. • Bei mehreren Referent/innen: Aufteilung und Zusammenhänge darstellen. • Einen interessanten Aspekt als Motivation darstellen. • Den schwierigen Kern des Themas umreißen.
2. Hauptteil	Das Thema wird sorgfältig abgehandelt.	Das Thema kann über unterschiedliche Gliederungen abgehandelt werden: • vom Allgemeinen zum Besonderen (deduktiv), • vom Besonderen zum Allgemeinen (induktiv), • chronologisch (in zeitlicher Abfolge), • Pro-Contra-Argumentationen, • Darstellung und Diskussion mehrerer Argumente, • sachlogische und schrittweise Darstellung. In der Regel kann in dieser Phase eine sinnvolle, gezielte und sachlich begründete Aktivierung und Beteiligung der Teilnehmerinnen und Teilnehmer stattfinden.
3. Schlussteil	Das Referat wird beendet und abgerundet.	• Das Thema zusammenfassen. • Wesentliche Inhalte wiederholen. • Offene Fragen formulieren. • Eine persönliche Stellungnahme formulieren. • Mittels provokativer Thesen eine Diskussion anregen. • Ein Feedback zum Referat einleiten. • Die anschließende Diskussion strukturieren.

gen an. Die Teilnehmerinnen und Teilnehmer vertiefen das Thema anschließend jeweils anhand von Übungen, Arbeitsblättern oder Texten. Das Thema wird also nicht am Stück, sondern in begründeten Teilen referiert.

- *Rezension.* Statt ein Referat zu halten, wird eine dichte Rezension mit authentischem Anspruch verfasst und vorgetragen.*
- *Briefwechsel.* Das Thema kann als interessanter Briefwechsel inszeniert werden. So könnte ein Referat zum Thema »Organisationsentwicklung« aus der Perspektive eines Schülers, einer Lehrerin, eines kritischen Wissenschaftlers, einer Sekretärin, einer Fortbildnerin, oder eines Schulrates beleuchtet werden.

Vorschläge zur Aktivierung der Teilnehmerinnen und Teilnehmer

Wenn ein sinnvoller Zusammenhang zur inhaltlichen Struktur des Themas besteht, dient eine teilnehmerorientierte Phase der intensiven Bearbeitung des Themas und wirkt zudem motivierend. Im Blickpunkt steht demnach ein gezielter und didaktisch begründeter Methodenwechsel. Viele Varianten sind denkbar:

- Diskussion eines zentralen Aspektes (z.B. im Plenum, über Fishbowl, über Streitgespräch, über verteilte Rollen), **Beispiele**
- Verfassen eines (z.B. halbseitigen) Kommentars zu einer Fragestellung mit anschließendem Austausch,
- Interpretation eines Bildes,
- Analyse eines Filmausschnittes,
- Rollenspiel und gezielte Beobachtung.

Nicht immer ist dabei eine Gruppenphase sinnvoll – sofern damit lediglich der methodisch progressive Charakter der didaktischen Überlegungen belegt werden soll. Partnerarbeit ist eine häufig geeignete Sozialform, weil sie zügig organisierbar ist und gleichzeitig einen anregenden und inhaltlich vertiefenden Austausch ermöglicht. **Gruppen- oder Partnerarbeit?**

Feedback zum Referat

In der Regel sollte jedes Referat eine zumindest kurze Feedbackmöglichkeit beinhalten. Das Feedback (→ Kopiervorlage 15, S. 132) hat den Zweck, den Referentinnen und Referenten eine kritisch-konstruktive

---

* Hinweise zum Anfertigen einer Rezension beschreiben Hierdeis (2001) oder Emer (2000). Es empfiehlt sich auch, Rezensionen in einschlägigen Fachzeitschriften zu recherchieren (z.B. Zeitschrift für Pädagogik; Pädagogische Rundschau; Sozialwissenschaftliche Literatur Rundschau).

Rückmeldung zu geben, gleichzeitig können künftige Referierende die Verbesserungsvorschläge berücksichtigen. Ein Feedback kann hochwirksam und persönlich bereichernd wirken. Die Rückmeldung bezieht sich auf inhaltliche und methodische Aspekte des Referats, sie kann mündlich oder schriftlich formuliert werden. Bei schriftlicher Rückmeldung hat es sich bewährt, wenn die Referent/innen in der folgenden Sitzung einen Überblick über die erhaltene Rückmeldung geben – wichtig dabei ist, dass die Referent/innen selbst entscheiden, welche Aspekte sie benennen wollen. Damit schließt sich der Kreis: Die Teilnehmer/innen erfahren, wie das Referat insgesamt gesehen wurde. Dabei wirkt natürlich die sachliche, förderorientierte und detaillierte Rückmeldung des Dozenten/der Dozentin besonders vorbildlich.

Freiwillige Information aller Teilnehmer/innen über Rückmeldung

Mündliches Feedback

Ein mündliches Feedback sollte freundlich, sachlich und konstruktiv sein, also z.B. nicht entwürdigend formuliert sein, positive Aspekte hervorheben und trotzdem ehrlich sein – ein hoher Anspruch. Einige sprachliche Formulierungen erleichtern die Rückmeldung:

Sprachliche Hinweise

- Beobachtungen zurückhaltend beschreiben, anstatt sie unmittelbar zu bewerten (nicht: »Der Einstieg war chaotisch ...«, sondern: »Beim Einstieg hatte ich Schwierigkeiten ... zu erkennen.«);
- Hinweise genau erläutern (nicht: »Das war nicht gut«, sondern: »Schwierig fand ich an dieser Stelle, dass ..., dadurch entstand für mich das Problem ...«);
- Verbesserungsmöglichkeiten benennen (»Für mein Verständnis wäre es hilfreich gewesen wenn ...«).

Auch wenn die Feedback-Phase kurz sein sollte, so benötigt sie doch recht viel Zeit, daher ist diese Phase zeitlich entsprechend einzuplanen. Selbst wenn jede Teilnehmerin und jeder Teilnehmer sich nur 30 Sekunden äußert, sind schnell 10 Minuten vorbei.

Variante: Blitzlicht

Die bekannteste Variante ist die sog. »Blitzlichtrunde«. Jeder Teilnehmer und jede Teilnehmerin *kann* sich kurz zum Referat äußern. Als Referent/in unterliegt man dabei der »Gefahr«, die jeweiligen Äußerungen (vor allem kritischer Art) sofort kommentieren zu wollen. Dies sollte im Rahmen der Blitzlichtrunde explizit nicht der Fall sein. Ebenso wenig sollte man die Runde unterbrechen. Sinnvoll ist vielmehr, in Ruhe und in freundlicher Gelassenheit zuzuhören und allenfalls Stichworte zu notieren. Am Ende der Blitzlichtrunde sollte allerdings die Möglichkeit einer kurzen Kommentierung bestehen.

Schriftliches Feedback

Ein schriftliches Feedback ist anonym und zeitsparend. Die Teilnehmerinnen und Teilnehmer können sich während des Referats bereits Notizen machen (dies ist selbstverständlich auch bei der mündlichen Rückmeldung sinnvoll). Allerdings sollten sie gleichwohl in der Lage sein, dem Referat inhaltlich zu folgen.

Ein schriftliche Rückmeldung kann über ein Blatt oder über einen Bogen verfasst werden und folgende Aspekte beinhalten (Abb. 20):

Inhalt	● Fachliche Tiefe (z.B. analytische Schärfe, Begriffe) ● Fachliche Breite (z.B. andere Autoren) ● Verbindung von Theorie und Praxis
Gestaltung	● Struktur (z.B. Einstieg, Abschluss) ● Medieneinsatz (z.B. sinnvoll, korrekt) ● Sprache (z.B. verständlich) ● besondere Ideen ● Körpersprache (z.B. Mimik, Gestik)
Seminarpapier	● Gestaltung (z.B. Layout, Ästhetik) ● Quellenangaben (z.B. Zitation, Literatur) ● Fachliche Qualität (z.B. korrekt, vollständig)
Sonstiges	● …

Abb. 20:
Mögliche Kriterien zum Feedback (Referat)

Der im Anhang abgebildete Feedback-Bogen (→ Kopiervorlage 15, S. 132) zeigt ähnliche Kriterien, die den jeweiligen Anforderungen angepasst werden müssen. Dieser Feedback-Bogen bietet drei Notizmöglichkeiten. Über die Dreierskalierung (+, o, –) ist eine grobe Einschätzung möglich. Dahinter können kriterienspezifische Hinweise festgehalten werden. Unten sind schließlich weitere Anmerkungen möglich, die nicht kriteriengebunden sind.

Zum Anspruchsniveau eines Referats

Das Anspruchsniveau wird u.a. über das inhaltliche Niveau (vgl. Kap. 5) definiert. Darüber hinaus können folgende Hinweise hilfreich sein:

Hinweise zur Steigerung des Anspruchsniveaus

● Das Referat sorgfältig vorbereiten, dies entlastet bei unvorhergesehenen Ereignissen.
● Offene Fragen selbst formulieren, anstatt sie zu verbergen.
● Medieneinsatz und Methodenwechsel detailliert vorbereiten (z.B. Schriftgröße von Folien, Textauswahl, Zeitplanung und Arbeitsauftrag bei Gruppenarbeit).

● Aktivierende Phasen einplanen. Dies entlastet den Referenten/die Referentin und gibt Zeit, um selbst über den Verlauf des Referats nachzudenken und z.B. die Zeitplanung zu überprüfen.

● Das Referat mindestens einmal als »Ernstfall« proben. Dies erhöht die Sicherheit und damit die souveräne Ausstrahlung und glättet Brüche im zeitlichen Ablauf.

Der schriftliche Bericht (»kleine« Hausarbeit)

Der schriftliche Bericht rundet das Referat inhaltlich und hochschuldidaktisch ab. Er enthält, neben der inhaltlichen Ausarbeitung des Referats, auch eine persönliche Reflexion über den Verlauf des Referats und evtl. über interessante Diskussionspunkte oder Rückmeldungen.

alle Ansprüche einer Hausarbeit

Der schriftliche Bericht ist ein eigenständiger, in sich vollständiger und systematisch erarbeiteter Text, d.h., es genügt nicht, die referierten Inhalte lediglich spiegelstrichartig aufzuschreiben. Es handelt sich um eine »kleine« Hausarbeit, d.h., alle Ansprüche, die an eine Hausarbeit gestellt werden, gelten hier ebenfalls (vgl. Kap. 8). Der Umfang beträgt ungefähr 10–12 inhaltliche Seiten, d.h. ohne Deckblatt, Inhaltsverzeichnis und Anhang.

8. Schriftliche Arbeiten

- Zeitplanung
- Gliederung
- Grafiken, Abbildungen und Tabellen
- Formatvorlagen und Seitenlayout

Dieses Kapitel zielt insbesondere auf das Anfertigen von Hausarbeiten. Sämtliche Aspekte sind jedoch ebenso für Abschlussarbeiten, Diplomarbeiten oder Dissertationen relevant. Als Zusammenfassung dienen die »Checkliste Hausarbeit« (→ Kopiervorlage 10, S. 126) und der »Rückmeldebogen für eine schriftliche Arbeit« (→ Kopiervorlage 11, S. 127).

Zeitplanung

Mittels eines Planes kann man sich über einen längeren Zeitraum hinweg Klarheit verschaffen, ob die Ziele realistisch sind. Die Zeitplanung variiert von Arbeit zu Arbeit erheblich, dies hängt mit den verfügbaren Ressourcen zusammen. In einer groben Einteilung lassen sich drei Phasen unterscheiden, die in ihrem zeitlichen Umfang definiert werden können (Abb. 21).

Phase 1 Vorbereitungsphase	<ul><li>Fragestellung entwerfen</li><li>Gliederung erstellen</li><li>Recherchieren</li><li>Zeitplan durchdenken</li><li>Thema und Gliederung endgültig mit Betreuer/in klären</li></ul>
Phase 2 Schreibphase	<ul><li>am roten Faden schreiben</li><li>»Nebentätigkeiten« des Schreibprozesses erledigen (Literaturverzeichnis erstellen, Lesen etc.)</li></ul>
Phase 3 Abschlussphase	<ul><li>Korrekturlesung</li><li>Detailkorrekturen (Sprache, Rechtschreibung, Vollständigkeit der Literaturangaben etc.)</li><li>Layout überarbeiten</li><li>Druckfertige Datei erstellen, Arbeit ausdrucken</li><li>Evtl. binden</li><li>Arbeit abgeben</li></ul>

Abb. 21:

Phasen zur Vorstrukturierung des Zeitplans

Kern: Schreiben am roten Faden

Der Kern der Arbeit liegt im kontinuierlichen Schreiben am roten Faden. Daher ist diese Haupttätigkeit bei der zeitlichen Planung besonders zu beachten. Die Arbeit am roten Faden kann nicht »nebenher« oder »zwischendurch« erfolgen, sie erfordert höchste Konzentration und Ruhe und daher ausreichende Zeitblöcke, z.B. einen Vormittag oder einen Nachmittag. Die verfügbare Zeit ist zunächst dahingehend zu analysieren, wann diese Blöcke vorhanden sind. Möglicherweise müssen daher für diesen Schreibzeitraum andere Aktivitäten eingeschränkt werden. In kürzeren Phasen lassen sich die o.g. Nebentätigkeiten wissenschaftlichen Arbeitens durchführen, z.B. eine Literaturrecherche durchführen, am Layout arbeiten, eine Literaturliste zusammenstellen. Eine Orientierung bietet → Kopiervorlage 3, S. 118.

Grob betrachtet, umfasst die Phase 2 so viel Zeit wie die Phasen 1 und 3 zusammen. Natürlich fließen die Phasen ineinander, z.B. wird auch in der zweiten Phase noch recherchiert. Häufig wird der Umfang der Phase 3 unterschätzt. Zwischen dem fertigen roten Faden und der Abgabe der Arbeit liegen zahlreiche aufwändige Schritte.

Detaillierte Planung zu Beginn

Die Zeitplanung kann man nun bis ins Detail durchstrukturieren, beispielsweise überlegen, wie viele Seiten pro Woche geschrieben sein müssen. Dies kann zu Beginn des Arbeitsprozesses durchaus sinnvoll sein, um eine realistische Planung zu erreichen. Die Zeitplanung dient dazu, den Schreibprozess zu erleichtern, und nicht dazu, permanent schlechtes Gewissen zu erzeugen – in diesem Falle wäre der Zeitplan wohl unrealistisch.

Gliederung

Überblick

Abb. 22 zeigt eine Übersicht über die Gliederung einer Arbeit (vgl. → Kopiervorlage 12, S. 129).

Der Kern der Arbeit besteht in Einleitung – Abhandlung (dies ist der Hauptteil) – Schlussteil. Im Folgenden werden die einzelnen Teile erläutert.

Deckblatt

Das Deckblatt sollte die folgenden Angaben enthalten (Abb. 23). Dafür wird eine Seite verwendet. Es enthält den Titel selbst sowie ggf. Untertitel. Über beide Ebenen zusammen wird das Thema exakt erkennbar – dies eröffnet Variationen. So kann der Titel besonders interessant oder

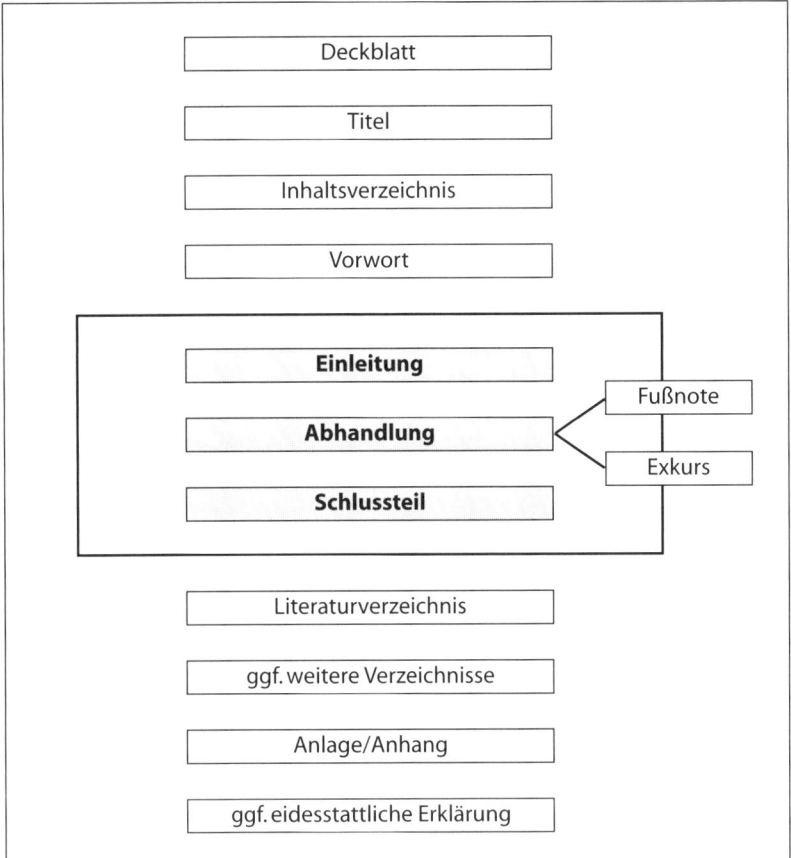

Abb.22:

Überblick über Teile einer wissenschaftlichen Arbeit

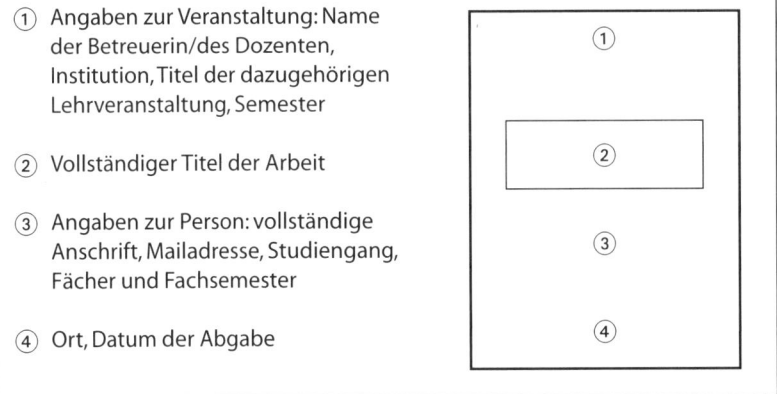

Abb. 23:

Angaben auf dem Deckblatt

kreativ sein und der Untertitel das Thema präzisieren (Variante 1, S. 82). Beide Ebenen können auch schlicht und sachlich formuliert werden (Variante 2, S. 82).

Beispiele:

- *Variante 1:* »Fehler zeichnen uns aus« – Transdisziplinäre Grundlagen zur Theorie und Produktivität des Fehlers in Schule und Arbeitswelt (Dissertation von Martin Weingardt, Universität Tübingen, 2002)
- *Variante 2:* Freiarbeit als pädagogisches Motiv in der Reformpädagogik – dargestellt anhand der pädagogischen Konzeptionen Maria Montessoris, Helen Parkhursts, Hugo Gaudigs, Peter Petersens und Célestin Freinets (Dissertation von Siegfried Koch, Pädagogische Hochschule Ludwigsburg, 1996)

Inhaltsverzeichnis

Überschrifts-ebenen

Beim ersten Aufschlagen der Arbeit blickt man in der Regel auf das Inhaltsverzeichnis. Das Inhaltsverzeichnis verdeutlicht die inhaltliche Gliederung der Arbeit. Es sollte nicht mehr als höchstens drei Überschriftsebenen abbilden, i.d.R. genügt es, wenn die ersten beiden Überschriftsebenen nummeriert sind. Die erste oder die ersten beiden Ebenen sollten fett abgedruckt sein. Es ist übersichtlicher, ähnliche Buchstabengrößen zu verwenden.

Seiten-nummerierung

Das Inhaltsverzeichnis enthält die Seitenangaben der jeweiligen Kapitel. Seite 1 beginnt *nach* dem Inhaltsverzeichnis, i.d.R. also mit der Einleitung, sofern kein Vorwort enthalten ist. Die Seitenvorgaben (ca. 12 Seiten für Verschriftlichung eines Referats, ca. 20 Seiten für eine Hausarbeit) beziehen sich dementsprechend auf diesen Hinweis.[*]

Ein praktischer Hinweis: Das automatische Erstellen eines vordefinierten Inhaltsverzeichnisses (z.B. in Microsoft WORD) ist äußerst hilfreich, zeitsparend und ermöglicht zudem eine regelmäßige und schnelle Erneuerung . Dadurch lässt sich jederzeit überprüfen, ob z.B. die Gliederungsebenen sachlogisch eingeteilt sind.

Vorwort

Noch keine inhaltliche Abhandlung

Das Vorwort unterscheidet sich von der Einleitung, es bezieht sich noch nicht auf die inhaltliche Abhandlung des Themas. Ein Vorwort ist nicht zwingend notwendig. Im Vorwort können persönliche Dankesworte oder Hinweise ausgesprochen werden, dies wird bei Hausarbeiten eher selten der Fall sein.

---

[*] Diese Seitenangaben variieren – erkundigen Sie sich daher unbedingt bei Ihrer Betreuerin oder Ihrem Betreuer.

Im Vorwort kann die Aufteilung einer Arbeit erwähnt werden, z.B. wenn ein Referat zu zweit oder in einer Gruppe gehalten wurde. Dadurch wird die Aufteilung des Themas ersichtlich, Teilbereiche können abgegrenzt, Überschneidungen und Vernetzungen verdeutlicht werden.

Einleitung

Mit der Einleitung beginnt der inhaltliche und wissenschaftliche Teil der Arbeit. Die Einleitung ist wichtig, sie eröffnet den Zugang zum Thema und stellt daher inhaltliche Weichen. Folgende Aspekte sollten hier dargestellt und diskutiert werden:

- das Thema,
- der persönliche Ausgangspunkt, die persönliche Motivation,
- die zentrale Fragestellung, evtl. weitere Hypothesen,
- das Ziel bzw. die Ziele der Arbeit,
- eine Eingrenzung (was ist nicht Ziel der Arbeit?),
- der Kern des Themas wird eingeführt, präzisiert, abgegrenzt und in der aktuellen Diskussion kurz verortet (Darstellung des Forschungsstandes folgt später im Hauptteil),
- die methodische Vorgehensweise,
- eine Übersicht über die einzelnen Schritte und Kapitel.

Teile der Einleitung

Häufig wird die Bedeutung der zentralen Frage unterschätzt. Das merkt man spätestens im Schlussteil der Arbeit, wenn ein unklarer und diffuser Abschluss formuliert wird. Wer zu Beginn eine klare Fragestellung formuliert, der hat es am Ende leichter, ein abschließendes Fazit zu ziehen. Die zentrale Frage unterscheidet sich von der Zielsetzung (vgl. Kruse 1994, S. 134ff.). Während die Frage aus der internen Logik des Themas heraus entsteht, bezieht sich die Zielsetzung auf den gesamten Forschungszusammenhang und ist eher allgemein formuliert, z.B.:

zentrale Frage ≠ Zielsetzung

- zwei Theorien vergleichen,
- Erkenntnisse und Wissen zusammenstellen,
- eine Theorie analysieren.

Die Fragestellung bezieht sich unmittelbar auf das Thema, z.B.:

- Inwiefern unterscheidet sich der Freiarbeitsbegriff bei Maria Montessori und Célestin Freinet?
- Welches Freizeitverhalten ist bei Jugendlichen der 7. und 8. Klasse der Realschule XY festzustellen?

Was ist nicht Ziel der Arbeit? In der Einleitung beschreiben Sie auch, was Sie nicht untersuchen möchten oder was keine Zielsetzung ist. Dadurch schränken Sie die Geltung ein, klären die Randbereiche und zeigen Bescheidenheit und sorgfältiges Abschätzen.

Es ist kein Zufall und auch nicht zwangsläufig auf nachlässiges Arbeiten zurückzuführen, wenn die Einleitung am Ende der Untersuchung nochmals überarbeitet werden muss. Manche Entwicklungen werden erst während des Schreibens ersichtlich und müssen revidiert werden – genau dieser Vorgang kann dann in der Einleitung thematisiert und reflektiert werden. In jedem Fall sollte der Leser/die Leserin am Ende der Einleitung über das Thema, die Absicht der Untersuchung und die Vorgehensweise informiert sein.

Hauptteil/wissenschaftliche Abhandlung eines Themas

Nun beginnt die Abhandlung des Themas, der Hauptteil der Arbeit. Hier zeigt sich, ob der rote Faden aus der Einleitung aufgegriffen und durch die »Anstrengung des Begriffs« mit Substanz angereichert wurde. Der Hauptteil enthält in aller Regel folgende Elemente:

- Darstellung des Forschungsstands,
- Darstellung und Begründung des eigenen Ansatzes (Fragestellung),
- die Abhandlung des Themas selbst,
- Auswertung.

Struktur des Hauptteils frühzeitig bedenken Der Aufbau der Abhandlung kann sehr unterschiedlich sein (Abb. 24, S. 85). Die Gliederungsschemata sind hier idealtypisch dargestellt. In der Regel werden sie, zumindest bei längeren Arbeiten, gemischt werden oder kapitelweise zutreffen. Die Schemata bieten also auch eine Orientierung für einzelne Teile oder Kapitel einer Arbeit. Bereits bei der Wahl des Themas, spätestens bei der Formulierung zentraler Fragestellungen sollte die Struktur des Hauptteils mitbedacht werden.

Schlussteil

Der Schlussteil rundet die Arbeit ab. Hier blickt man i.d.R. nochmals auf die Einleitung und den Hauptteil zurück – und anschließend nach vorne. Der Schlussteil kann folgende Aspekte enthalten:

- Wesentliche Ergebnisse werden zusammengefasst.
- Ein Bezug zu den eingangs formulierten Fragen und Thesen erfolgt.

Vorgehensweise	Beispiel
Vom Allgemeinen zum Besonderen (deduktiv)	Eine Theorie wird beschrieben und konkretisiert bis hin zur Darstellung und Analyse einzelner Fallbeispiele.
Vom Besonderen zum Allgemeinen (induktiv)	Ein Fallbeispiel wird beschrieben und analysiert. Anschließend wird versucht, daraus allgemeine Regeln zu erhalten, z. B. in einer qualitativen Einzelfallstudie.
In zeitlicher Abfolge (chronologisch)	Die Biografie einer Pädagogin wird chronologisch dargestellt. Die Entwicklung einer Konzeption wird chronologisch beschrieben.
Pro-Contra-Argumentationen	Ein Sachverhalt wird von zwei Seiten diskutiert. Anschließend erfolgt eine persönliche Bewertung.
Empirisch	Eine empirische Studie wird durchgeführt: Entstehungs-, Begründungs- und Verwertungs-zusammenhang sind »klassische« Verlaufsphasen (Friedrichs 1979).
Darstellung und Diskussion mehrerer Argumente	Sachverhalte oder Argumente werden nach Bedeutung bearbeitet.
Sachlogische und schrittweise Darstellung	Eine Theorie wird schrittweise dargestellt und ana-lysiert, z. B. nach: Autorinnen und Autoren, Entstehung und Entwicklung, Definition, Merkmalen, Zielen, metho-dischem Ansatz, Abgrenzungen, Sprache, innerer Logik, Erkenntnisinteresse, Nutzen, Geltungsbereich.
(ver. n. Werder 1996, S. 444)	

Abb. 24:
Gliederungs-schemata

- Ungelöste oder neue Fragen werden formuliert.
- Weitere untersuchungswürdige Aspekte werden dargestellt (Anschlussforschung).
- Persönliche Erfahrungen und Erkenntnisse werden präzisiert.

Falls es sich bei der Arbeit um die Verschriftlichung eines Referats handelt, können im Schlussteil interessante Diskussionsaspekte aus der Seminarsitzung aufgegriffen werden. Zudem ist es auch möglich, Kritikpunkte am Referat oder Fragen aufzugreifen. Dies zeigt, dass man sich eingehend Gedanken gemacht hat und Verbesserungsvorschläge reflektiert und konstruktiv aufgreifen kann.

Hinweise zur Verschriftlichung eines Referates

Literaturverzeichnis

Das Literaturverzeichnis ist vollständig, detailliert und einheitlich gestaltet (vgl. Kap. 3, S. 43 ff.).

Mögliche weitere Verzeichnisse

Neben dem Literaturverzeichnis kann ein Tabellen- bzw. Abbildungsverzeichnis (z.B. wenn zahlreiche Grafiken integriert sind), sowie ein Abkürzungsverzeichnis (wenn ungewöhnliche Abkürzungen verwendet werden, z.B. bei empirischen Studien) integriert sein.

Anlage/Anhang

Hier werden verschiedene Unterlagen angefügt, die für die Arbeit wichtig sind bzw. direkt verwendet wurden, jedoch den Textfluss im Hauptteil nicht unterbrechen sollten. Die Anlage dient evtl. dazu, Aussagen zu überprüfen oder durch weitere Informationen zu erhellen, z.B.

Mögliche Anlagen
- eingesetzte Fragebögen,
- Tabellen mit erhobenen oder verwendeten Daten,
- Zeitungsausschnitte, schwer zugängliche Textauszüge,
- Auszüge aus längeren Texten, z.B. Bildungsplänen,
- Ausdrucke von (vergänglichen) Internetquellen oder
- Gesetzestexte.

Insgesamt sollte die Anlage jedoch nicht zu umfangreich sein. Die einzelnen Blätter werden durchnummeriert (Anlage 1, Anlage 2 etc.), sodass ein eindeutiger Verweis im Text möglich ist.

Eidesstattliche Erklärung

In der Regel muss bei Abschlussarbeiten eine Erklärung eingefügt werden, die das selbstständige Arbeiten und die Angabe aller Hilfsmittel belegt. Die Diplomordnung der Universität Tübingen fordert beispielsweise den folgenden Wortlaut:

Beispiel

»Ich versichere an Eides statt, dass ich die vorliegende Arbeit nicht schon an anderer Stelle als Qualifikationsarbeit eingereicht habe und dass ich sie selbstständig und ohne unerlaubte Hilfe und ohne Benutzung anderer als der angegebenen Hilfsmittel angefertigt habe. Alle Stellen, die wörtlich oder sinngemäß aus Veröffentlichungen oder aus anderweitigen fremden Äußerungen entnommen wurden, habe ich als solche einzeln kenntlich gemacht.«

(Ordnung für die gemeinsame Diplomprüfung im Aufbaustudiengang Erziehungswissenschaft der Universität Tübingen und der Pädagogischen Hochschule Ludwigsburg vom 1. Juli 1996)

Weitere Teile: Anmerkungen, Fußnoten und Exkurse

Anmerkungen

In den Anmerkungen werden Erläuterungen oder weiterführende Hinweise beschrieben, die nicht direkt zum roten Faden der Abhandlung zählen (und daher auch nicht im Hauptteil stehen), die man jedoch trotzdem erwähnen möchte. Dies könnte eine persönliche Ergänzung, Anmerkung oder Kritik sein oder eine Erläuterung zu einem erwähnten Aufsatz. Anmerkungen werden sinnvollerweise durch nummerierte Endnoten oder evtl. auch durch Fußnoten im Text verankert. Anmerkungen sind nicht immer notwendig.

Erläuterungen oder weiterführende Hinweise

Fußnoten

Als Fußnoten können Anmerkungen, Beispiele oder weitere Verweise* eingefügt werden, die nicht unmittelbar zur Darstellung der Hauptargumente notwendig sind. Besonders geeignet sind Fußnoten, um Verweise auf bestimmte Autorinnen und Autoren bzw. Studien zu erläutern. Insbesondere in Qualifikationsarbeiten zeigt man dadurch, dass man die Quellen wirklich gelesen hat und in der Lage ist, die für die eigene Arbeit entscheidenden Aspekte herauszuarbeiten.

Anmerkungen, Verweise, Beispiele

Exkurs

Ein Exkurs enthält eine ausführliche und in sich abgeschlossene Darstellung eines Sachverhaltes, den man gerne genauer erörtern möchte, der jedoch nicht unbedingt zur Systematik der Abhandlung gehört, etwa ein besonders interessanter Teilaspekt, ein aktuelles Forschungsergebnis, eine Verbindung zu einer anderen Disziplin etc. Die Leserin/der Leser kann den Exkurs überblättern, ohne den roten Faden zu verlieren.

In sich abgeschlossene Darstellung

Grafiken, Abbildungen und Tabellen

Seit Grafiken, Abbildungen, Fotos, Tabellen etc. über entsprechende Textverarbeitungs-, Grafik- und Tabellenkalkulationsprogramme leicht erstellt und eingefügt werden können, neigt man dazu, dies zu übertreiben, z.B. zu viele, zu bunte oder zu umfangreiche Abbildungen einzufü-

---

* Ich gehe davon aus, dass die normalen Quellenangaben im Fließtext und nicht in Fußnoten eingefügt sind. Es ist jedoch möglich, alle Quellenangaben in die Fußnoten zu platzieren.

gen. Bitte gehen Sie nicht davon aus, Ihr Gutachter sei von einem farbigen Layout beeindruckt – viel eher wird das Gegenteil der Fall sein. Ein souveräner Umgang mit Abbildungen etc. zeigt sich über folgende Prinzipien:

Prinzipien beim Einsatz von Abbildungen

- Abbildungen sind dezent eingesetzt, sie unterbrechen den Fließtext nur kurz.
- Jede Abbildung wird eingeführt, erläutert und analysiert. Das Erkennen der Funktion und Bedeutung wird nicht dem Leser/der Leserin überlassen.
- Jede Abbildung wird mittels eines Querverweises an der entsprechenden Stelle des Fließtextes genau verortet.
- In der Regel werden die Abbildungen durchnummeriert.
- Die Gestaltung ist zurückhaltend, in aller Regel genügen Schwarzweißmuster. Farben werden nur eingesetzt wenn sie funktional begründet sind, d.h., Farben werden durch Schwarz-Weiß-Schattierungen ersetzt, es sei denn, dies erschwert oder verhindert eine verständliche Darstellung.
- Die Abbildung, insbesondere Tabellen oder Diagramme sind in sich ausreichend erklärt: Quellen sind benannt, Abkürzungen erklärt, Titel zutreffend.

Formatvorlagen und Seitenlayout

Genauere Angaben zu Formatvorlagen und Seitenlayout dienen der ungefähren Vereinheitlichung der Arbeiten. Dies erleichtert den Vergleich des Umfangs und verhindert grobe Layoutfehler, die beim Lesen störend wirken können. Die folgenden Hinweise sind als Orientierung anzusehen, sie variieren je nach Dozent/in zum Teil erheblich (Abb. 25). Bei-

Abb. 25: Hinweise zu Formatvorlagen und Seitenlayout

Formatvorlagen	Seitenlayout
Standardschrift: 12pt, 1,5zeilig, Blocksatz	Rand rechts mindestens 3 cm (für Korrekturanmerkungen)

1. Überschriftsebene:
    14pt (fett, nummeriert)
2. Überschriftsebene:
    12pt (fett, nummeriert)
3. Überschriftsebene:
    12pt (kursiv)
	Rand links 3 cm
	Rand oben und unten 2,5 cm
	Seitenzahl unten oder oben rechts

Blockzitate, Fußnoten, Tabellen, Abbildungen: 10pt, 1zeilig	

spielsweise ist in manchen Empfehlungen der linke Rand sehr groß, um unbequemes Lesen (bei breiter Bindung) zu vermeiden, während andere Autorinnen und Autoren eher den rechten Rand ausweiten (für Anmerkungen und Korrekturen).

Doppelte oder mehrfache Hervorhebungen sollten vermieden werden (z.B. fett und unterstrichen), i.d.R. wird *kursiv* hervorgehoben. Auch bei Überschriften sollte ein zu auffälliges Schriftbild vermieden werden (z.B. zu große Buchstaben, doppelte Unterstreichung). Hier gilt der Grundsatz »weniger ist mehr«. Insgesamt sollte das Layout einen ruhigen Duktus haben. Beispielhaft zeigt → Kopiervorlage 13, S. 130, ein Seitenlayout.

ruhiges Layout

9. Alternative Leistungen

- Protokoll
- Forschungsvorhaben
- Portfolio und Lerntagebuch

Hausarbeiten, Referate und Klausuren können durchaus sinnvolle Varianten des Scheinerwerbs sein. Jedenfalls scheinen nach wie vor die meisten Scheine im erziehungswissenschaftlichen Bereich über eine dieser Leistungsnachweise vergeben zu werden. Gleichwohl stellen sie recht traditionelle Varianten dar, die durch Alternativen ersetzt oder ergänzt werden können. Protokolle, Forschungsvorhaben oder Lerntagebücher verstehen sich eher als Ersatz, obschon etwa ein kleineres empirisches Projekt in eine Hausarbeit integriert oder umfassend schriftlich dokumentiert werden kann, sodass es einer Hausarbeit ähnelt. Mit diesen Alternativen ist die kritische Überprüfung tradierter Formen der Leistungsnachweise angesprochen. Vorteile alternativer Verfahren können sein:

Vorteile alternativer Verfahren

- Erweiterung des nachgewiesenen Leistungsspektrums im Studium (mittels kleiner empirischer Forschungsarbeiten);
- flexible Anpassung an inhaltliche Gegebenheiten des Seminars (z.B. Reflexion über Seminarinhalte und -methoden mittels Lerntagebuch);
- systematische Erfassung der Inhalte und Prozesse einer Lehrveranstaltung (mittels Protokoll);
- stärkere Prozesshaftigkeit und Verbindung mit persönlichen Erfahrungen (mittels Lerntagebuch), sodass intensive Auseinandersetzungen mit dem Thema möglich sind;
- erhöhte Motivation auf Grund alltagsrelevanter Forschungsarbeiten (über Forschungsvorhaben);
- mögliche Dokumentation verschiedener Leistungen, um diese über einen längeren Zeitraum hinweg zu reflektieren (mittels Portfolio);
- Einbindung einzelner Leistungsnachweise in den gesamten Studienverlauf (mittels eines beratungsorientierten Portfolios).

Protokoll

In manchen Lehrveranstaltungen ist die Anfertigung eines Protokolls Teil des Leistungsnachweises. Zahlreiche Gründe sprechen für ein fundiertes Protokoll. So können die wesentlichen Themen der vergangenen Sitzung wiederholt und punktuell vertieft werden. Das Protokoll erleichtert die Übergänge zwischen Themen und festigt den roten Faden einer Lehrveranstaltung. Über mehrere Protokolle kann das Seminarthema zusammengefasst und strukturiert werden. Studierende können zeigen, dass sie das Thema angemessen bearbeiten und vorstellen können.

Vorteile

Organisation und inhaltlicher Anspruch eines Protokolls werden leicht unterschätzt. Das Protokoll nimmt zu Beginn einer Sitzung recht viel Zeit in Anspruch, vor allem wenn Fragen offen bleiben oder Diskussionsbedarf entsteht. Des Weiteren sollte ein Protokoll natürlich bis zur nächsten Sitzung fertig sein, innerhalb einer Woche muss also nicht nur die Schreibarbeit sondern möglicherweise eine inhaltliche Vertiefung geleistet werden.

Zwei wesentliche Sorten sind zu unterscheiden: Verlaufsprotokoll und Ergebnisprotokoll:

Verlaufs- oder Ergebnisprotokoll?

- Das *Verlaufsprotokoll* enthält im Grunde alle (divergierenden) Aussagen, unabhängig von deren Beitrag und Bedeutung für den Arbeits- oder Diskussionsprozess. In der Regel wird chronologisch notiert.
- Im *Ergebnisprotokoll* werden wesentliche Zwischen- und Endergebnisse festgehalten.

Im erziehungswissenschaftlichen Studium ist wohl eine Mischform mit deutlichem Schwerpunkt beim Verlauf üblich. Nur über das Verlaufsprotokoll werden die Systematik des Themas und die Dynamik der Diskussionen deutlich. Andererseits ist auch die Frage berechtigt, welches »Ergebnis«, z.B. welches Fazit die Sitzung erbracht hat.

Das Protokoll ist in erster Linie für Seminarteilnehmer/innen gedacht. Im Gegensatz zu anderen wissenschaftlichen Arbeiten hat das Protokoll eine spezifische Eigenschaft: Es *dokumentiert* »lediglich«, versucht also die »Realität« einer Sitzung einzufangen und schriftlich festzuhalten. In seinem Kern hat es daher eine reproduzierende Funktion.

Häufig geht der Anspruch an ein Protokoll jedoch darüber hinaus, beispielsweise indem Folgendes eingearbeitet wird:

weiterführende Ansprüche

- weitere Informationen (z.B. Biografie eines Autors),
- vertiefende Aspekte (z.B. weiterführende Begriffsklärungen),
- Fragen und Thesen (z.B. Hinweise auf Widersprüche) oder
- die eigene Einschätzung.

Diese Zusätze sind selbstverständlich vom originären Sitzungsverlauf abzugrenzen. Visuell kann die eigene Meinung oder ein vertiefender Gedanke an entsprechender Stelle mittels eines Rahmens eingefügt werden.

Kurz- und Langfassung

Häufig wird zwischen einer Kurz- und Langfassung unterschieden. Diese Aufteilung erleichtert die Organisation. Die Kurzfassung wird bis zur folgenden Woche fertig gestellt, die ausführliche Fassung wird zum Semesterende abgegeben – diese Langfassung geht nun explizit über den reproduzierenden Kern hinaus und erreicht den Umfang und Anspruch einer Hausarbeit. Die Kurzfassung beschränkt sich auf die Dokumentation des Verlaufs.

Der Protokollant/die Protokollantin hat die Chance, auf Grund des distanzierten und reflektierten Blickes auf die vergangene Sitzung, Brüche zu erkennen und sie wieder in die Sitzung einzubringen – exakt an dieser Stelle kann sich das Protokoll als sehr Gewinn bringend für den Seminarverlauf erweisen.

Man muss keinesfalls radikal konstruktivistisch argumentieren, um darauf hinzuweisen, dass die Wahrnehmung dessen, was wichtig oder unwichtig ist, subjektiv gefärbt ist – der Inhalt von Protokollen kann unterschiedlich gewichtet sein. Umso wichtiger ist ein klarer Rahmen – ein Verlaufsprotokoll sollte folgende Aspekte beinhalten (Abb. 26).

Abb. 26:

(Mögliches) Schema eines Protokolls

Grundlegende Daten	• Veranstaltung • Thema und Datum der Sitzung • Anzahl der Teilnehmer/innen
Gliederung	• Inhaltliche Abfolge oder Phasen der Sitzung mit Zeitstruktur
Abhandlung (= Hauptteil)	• Inhaltliche Aspekte der Sitzung • Visualisierungen (z. B. Grafiken von Flipcharts oder Tafelzeichnungen)
Schlussteil	• Inhaltlicher Abschluss/offene Fragen/Perspektiven • Ende der Veranstaltung • Persönliche Einschätzung des Inhalts und des Ablaufs
Materialien	• Arbeitsblätter, Handouts, Fotos, Folien
Literaturangaben	• Sämtliche direkt und indirekt zitierte oder verarbeitete Literatur
Verfasser/in	• Datum und Unterschrift

wissenschaftlicher Duktus

Ein Protokoll folgt generell wissenschaftlichem Duktus, d.h., Quellen und Zitate sind belegt, die Wiedergabe ist exakt, Quellenangaben sind vollständig etc. Der Hauptteil, die Wiedergabe der Abhandlung, kann unterschiedlich strukturiert sein. Die »Checkliste Protokoll« (→ Kopiervorlage 16, S. 133) enthält wesentliche Merkmale der schriftlichen Darstellung und der mündlichen Präsentation eines Protokolls.

Forschungsvorhaben

Insbesondere im Rahmen von Lehrveranstaltungen zum wissenschaftlichen Arbeiten oder zu Forschungsmethoden bietet es sich an, kleinere oder größere Forschungsaufträge oder Teilaspekte einer empirischen Studie zu bearbeiten, z.B.:

- Erstellen und Erproben eines Fragebogens, z.B. zur Einschätzung der Unterrichtsqualität des Lehrers B. im Fach Mathematik an einer benachbarten 6. Realschulklasse.
- Strukturierte Beobachtung einer Gesamtlehrerkonferenz, z.B. um geschlechtsspezifische Verhaltensweisen, Redeanteile, Aufmerksamkeit zu untersuchen.
- Qualitative Inhaltsanalyse eines transkribierten Interviews, z.B. mit einer Schulleiterin zu aktuellen Reformen an ihrer Schule.
- Durchführung von teilstrukturierten Interviews mit Lehrkräften, z.B. zur Akzeptanz und Unterstützung eines vereinbarten Schulprogramms.
- Durchführung einer standardisierten schriftlichen Befragung, z.B. von Eltern einer Realschulabschlussklasse zur rückblickenden Einschätzung der Arbeit an der Schule.
- Durchführung eines Tiefeninterviews, z.B. mit einer 60-jährigen Lehrerin zu Fragen der Berufsbelastung.

Beispiele

Motivierend und hilfreich sind diese Untersuchungen dann, wenn die beteiligten Akteure (Lehrkräfte, Schülerinnen und Schüler) daran teilhaben und vor allem von den Ergebnissen profitieren. Interessant kann daher sein, bei Schulen oder andere Institutionen anzufragen, bei welchen spezifischen Fragestellungen sie Unterstützung brauchen. Von den daraus resultierende Kooperationen profitieren alle Beteiligten.

Nutzen der Ergebnisse

Der Aufbau des schriftlichen Teils lehnt sich an die Struktur einer Hausarbeit an (vgl. Abb. 24, S. 85, empirisches Gliederungsschema). Im Mittelpunkt stehen das Untersuchungsdesigns und seine Entstehung, Begründung und Verwertung.*

---

* Hilfreiche Einführungen in Methoden der empirischen Sozialforschung sind z.B.: Friedrichs (1979); Atteslander (1995); Bortz/Döring (1995); Eberwein/Mand (1995); Lamnek (1995a und 1995b); Moser (1995); Friebertshäuser/Prengel (1997); Abel u.a. (1998); Altrichter/Posch (1998); Mayring (1999).

Portfolio und Lerntagebuch

Portfolios gewinnen im Rahmen der Ausbildung eine zunehmende Bedeutung. Dabei erfüllen sie zum Teil unterschiedliche Funktionen, die über die vorgestellten Möglichkeiten (Hausarbeiten, Referate, Protokolle und Alternativen) hinausgehen.

Der Grundgedanke des Portfolios orientiert sich an Sammelmappen von Künstler/innen oder Architekt/innen, die zu Bewerbungszwecken gezielt einen Teil ihrer Arbeitsergebnisse auswählen und vorlegen. Im pädagogischen Kontext wird Portfolio zunehmend mit einem reflexiven, subjektorientierten und prozessbezogenen Anspruch verbunden (vgl. Häcker 2002; Winter 2004), der insbesondere mittels einer Verbindung mit der Schreibpädagogik realisiert werden kann.

Reflexion, Subjektorientierung, Prozessbezug

(Schriftliche) Reflexion mittels Portfolio und Lerntagebuch

Das eigene Studium bzw. bestimmte Lehrveranstaltungen oder Studienabschnitte werden (i.d.R. schriftlich) reflektiert. Der Schreiber/die Schreiberin versucht etwa im Rahmen einer Lehrveranstaltung oder eines bestimmten Seminarthemas eigene Lernspuren zu verfolgen, eindrückliche Erfahrungen und Themen zu schildern, Entwicklungen sichtbar zu machen. Nicht alle persönlich verfassten Schriftstücke sind öffentlicher Art oder werden vorgelegt. Derartige Schreibprozesse können privaten Charakter haben, die Textsorte und Zugänglichkeit ist jeweils zu beachten. Dies ist anzuleiten und zu begleiten, z.B. über vorbereitende und motivierende Schreibanlässe, in einem Lerntagebuch oder in Schreibkonferenzen. Studierende kommen in der Regel mit einem biografisch gewachsenen, negativen Schreibkonzept ins Studium, persönliches und sinngebendes Schreiben muss vielfach erst wieder »erobert« werden. Aus der Perspektive eines theoretisch und praktisch fundierten Konzepts (Bräuer 1998 und 2000) ist Portfolio von einer reflektierten Schreibpraxis unterlegt. Der Begriff der »reflexiven Schreibpraxis« kann in folgende Tätigkeiten aufgeschlüsselt werden (Bräuer 2000, S. 14):

Tätigkeiten im Rahmen einer reflexiven Schreibpraxis

- Dokumentieren: den Handlungsverlauf darstellen,
- Analysieren: Teilhandlungen des Prozesses aufschlüsseln,
- Kommentieren: Ergänzungen, Hinweise einfügen,
- Kommunizieren: in einen (Schreib-)Dialog mit anderen eintreten,
- Bewerten: eigene und fremde Erwartungen auf dem Hintergrund bestimmter Maßstäbe und Normen verdeutlichten,
- Entwerfen: Strategien, Pläne entwickeln, Perspektiven aufzeigen.

Die entstehenden Texte können nun dem Portfolio beigefügt werden, sie werten weitere gesammelte und ausgewählte Dokumente auf, verorten sie in der eigenen Lernentwicklung und geben jedem Portfolio einen jeweils persönlichen roten Faden.

Auf der Grundlage einer derartig entwickelten reflexiven Praxis nehmen Portfolios unterschiedliche Funktionen ein, sie können zur Beratung, als Leistungsnachweis oder zur Bewerbung konzipiert und verwendet werden.

unterschiedliche Funktionen

Portfolio als Beratungsgrundlage

Sofern Portfolio eine Beratungsgrundlage darstellt, enthält es reflexive Schreibtexte *und* studienrelevante inhaltliche und organisatorische Texte und Dokumente, z.B. Dokumentation des Studienverlaufs, Praktikumsbescheinigungen, Teilnahmebestätigungen, Studienordnungen.

Ein derartiges Portfoliokonzept wird am Institut für Deutsche Sprache und Literatur und ihre Didaktik an der Pädagogischen Hochschule Heidelberg erprobt. Die Hinweise zum Portfolio weisen folgende Struktur auf (Abb. 27)*:

1.	**Zur Einführung**	
1.1	Ein Transfer von der Kunst zu Sprache und Literatur	
1.2	Ein Portfolio als kritische Dokumentation des Deutsch-Studiums	
1.3	Zur Praxis der Arbeit mit dem Portfolio	
2.	**Zu den einzelnen Rubriken des Portfolios**	
2.1	Ausbildung zur Deutschlehrerin/zum Deutschlehrer: Erwartungen und Ziele	
2.2	Dokumentation des Studienverlaufs	
2.3	Leselisten	
2.4	Studienergänzende Erfahrungen und Tätigkeiten	
2.5	Ausgewählte eigene Arbeiten	
2.6	Sonstiges	
2.7	Dokumentation der Studienberatung	

Abb. 27:
Portfolio im Rahmen des Deutschstudiums
(Pädagogische Hochschule Heidelberg)

Das Spektrum dieses Portfolioansatzes wird deutlich: Eine kritische schriftliche Reflexion und Auseinandersetzung mit Verlauf und Inhalten des Studiums wird erwartet. Spezifische fachliche Inhalte werden dokumentiert (z.B. Leselisten). Gleichzeitig bleibt Offenheit für weitere persönliche Erfahrungen. Das Portfolio ist in eine fachspezifische Bera-

---

* Online: www.ph-heidelberg.de/org/deutsch/leseliste_portfolio.htm [Datum der Recherche: 02.06.2004]

tungsstruktur eingebunden und hat eine hohe Verbindlichkeit, obschon es nicht innerhalb der Prüfungsordnung gefordert wird. Die Beratungen sind schriftlich zu dokumentieren. Im Rahmen dieses Portfolio sind zwar persönliche, nicht jedoch private Texte möglich, d.h., alle Textformen müssen Dozierenden und Kommilitonen/innen zugänglich sein.

Das Anliegen des Portfolios wird im Unterkapitel 1.2 besonders deutlich, hier heißt es:

Anliegen dieses Portfoliokonzepts

1.2   Ein Portfolio als kritische Dokumentation des Deutsch-Studiums

Das Studium des Faches Deutsch an Pädagogischen Hochschulen ist – im Vergleich zum Germanistik-Studium an Universitäten – relativ kurz. Nach dreizehn Schuljahren und wenigen Semestern befinden sich viele wieder in der Schule. Es ist deshalb wichtig, die kurze Studienzeit so intensiv wie möglich zu nutzen. Dies kann gelingen, wenn man sein Studium in allen Phasen selbstkritisch reflektiert und die erworbenen Kenntnisse und Fähigkeiten sowie seine Leseerfahrungen dokumentiert, um jederzeit, vor allem vor den Abschlussprüfungen, darauf zurückgreifen zu können. Dazu soll das Portfolio dienen.

Während jeder Lehrveranstaltung sollte man sich Notizen machen, am besten so, dass sie auch nach längerer Zeit verständlich sind. Am Ende eines Semesters geht man noch einmal seine Notizen durch, hält kritische Rückschau und versucht die *Erträge und Ergebnisse* jeder Veranstaltung zusammenzufassen und in eine gut lesbare Form zu bringen. So schafft man sich eigenständig formulierte, informative Texte, die nicht nur für die Prüfung, sondern auch für das Referendariat und den Lehrberuf überaus nützlich sein können und deshalb auch ins Portfolio gehören.

Immer wieder kommt es in Sprechstunden zur *Prüfungsberatung* vor, dass Studierende nur vage darüber Auskunft geben können, welche Veranstaltungen sie besucht haben und was ihnen davon in Erinnerung geblieben ist. Wir möchten deshalb, dass zu den prüfungsvorbereitenden Beratungen das Portfolio mitgebracht wird, damit sich dort der Dozent oder die Dozentin anhand dieses Dokuments eine Vorstellung von der im Studium erworbenen Bildung machen kann. So kann er/sie in dem Massenfach Deutsch, in dem es immer schwerer wird, einen intensiven Kontakt zwischen Lehrenden und Lernenden aufzubauen, einen tiefer greifenden Eindruck von den fachlichen wie literarischen Interessen eines Studierenden bekommen.

Die *literarischen Interessen*, all das, was man im Laufe seines Studiums nicht nur im Zusammenhang von Lehrveranstaltungen, sondern darüber hinaus gelesen hat, spielten in den Sprechstunden bislang kaum eine Rolle. Wenn wir aber möchten, dass zukünftige DeutschlehrerInnen am literarischen Leben unserer Gesellschaft teilnehmen können, dann sollten sich in Gesprächen mit Studierenden, aber auch der Studierenden untereinander Anknüpfungspunkte für Gespräche über Literatur häufiger ergeben als bislang üblich. Das Portfolio soll hierfür einen Ankerpunkt bieten.

Inwiefern dieses Portfoliokonzept von Studierenden aufgenommen und qualitativ hochwertig gestaltet wird, muss an dieser Stelle ebenso offen bleiben wie die Frage, ob die Studienorganisation damit nachhaltig verbessert wird. Angesichts der sonstigen gängigen Praxis an Hochschulen ist zu vermuten, dass die Studienorganisation insgesamt und der jeweils persönliche Studienverlauf wesentlich befriedigender gestaltet werden kann – wenn auch bei vergleichsweise höherem Aufwand für alle Beteiligten. Auf zwei weitere Probleme sei hingewiesen: Die Implementierung derart ausdifferenzierter Konzepte ist nur erfolgreich, wenn sie von nahezu allen Mitgliedern des institutionellen Teilsystems gemeinsam, aktiv und nachdrücklich getragen wird. Zudem bleibt die Frage offen, wie eine Portfoliokonzeption einer gesamten Hochschule (und nicht nur eines Faches) konzipiert und realisiert werden kann. Trotz dieser kritischen Anmerkungen überzeugen Anliegen und Ausgestaltung des dargestellten Konzepts.

mögliche Probleme dieses Portofoliokonzepts

Insgesamt ist mit diesem beratungsorientierten Portfolioansatz der Versuch verbunden, die gesellschaftliche Funktion von Deutschlehrer/innen zu stärken, die offizielle Studienorganisation intensiver mit dem individuellen Studienverlauf zu verbinden, die Studienintensität zu erhöhen und Orientierungsschwierigkeiten zu verringern. Auf Grund der verbindlichen Beratungssituation können Übergänge (z.B. Wechsel vom Grund- ins Hauptstudium) oder die Vorbereitung auf die Prüfung geschmeidiger organisiert werden.

Portfolio als Leistungsnachweis

In dieser Funktion tritt Portfolio nun als

- unmittelbare Alternative zu gängigen Leistungsnachweisen wie Hausarbeiten, Klausuren oder Referaten oder
- als Nachweis eines gelungenen Studienabschnittes oder gar des gesamten Studiums

hervor. Im Rahmen von Lehrveranstaltungen, Praktika oder sonstiger Veranstaltungen und Aktivitäten können Dokumente gesammelt und hierzu reflexive Texte verfasst werden. Im Laufe eines oder mehrerer Semester entsteht eine recht umfangreiche Materialsammlung. Entscheidend ist nun die Frage, welche Dokumente für das Portfolio ausgewählt werden. Diese Auswahl ist jeweils, d.h. für jedes Dokument (z.B. ein Protokoll, eine Rezension eines Buches, ein kritisch diskutierter Artikel) schriftlich zu begründen.

begründete Materialauswahl

Die Qualität des Portfolios orientiert sich also keinesfalls an der Quantität der gesammelten Materialien, sondern an der strukturierten, begründeten und reflektierten Auswahl und Zusammenstellung.

Auf Grund der Zusammenstellung können

mögliche
Schwerpunkte

- besondere Erfahrungen und Erlebnisse,
- einprägsame Erkenntnisse,
- individuelle Arbeitsschwerpunkte und Vertiefungen,
- besondere Forschungsarbeiten,
- persönliche Entwicklungen, oder
- zukünftige Herausforderungen

deutlich werden, die sich – sofern vernetzt – als roter Faden durch das Studium ziehen – oder auch als zukünftige Herausforderungen offen bleiben.

Die Struktur dieses Portfolios (aber auch anderer Portfolios, z.B. zu Bewerbungszwecken) wird deutlich, wenn man das Deckblatt für das gesamte Portfolio und das Deckblatt zur Auswahl der einzelnen Texte oder Arbeiten betrachtet. Ein Deckblatt, das sich auf eine Lehrveranstaltung bezieht, enthält folgende Elemente (Abb. 28, → Kopiervorlage 17, S. 134):

Abb. 28:
Portfolio: Deckblatt
(bezogen auf eine
Lehrveranstaltung)

Hochschule:	
Fakultät/Institut:	Semester:
Lehrveranstaltung:	Dozent/in:
Immatrikulations-Nr.:	Gültige Prüfungsordnung:
Name, Vorname:	Semester/Fächer:
Anschrift:	E-Mail:
Die folgenden Einzelarbeiten habe ich ausgewählt:	
1. Ursprüngliche Motivation zur Teilnahme an der Veranstaltung 2. … … 10. Gesamteinschätzung der Lehrveranstaltung	
Datum:	Unterschrift Dozent/in:

Als ein Pflichtteil kann eine Gesamteinschätzung der Lehrveranstaltung sinnvoll sein (Nr. 10). Hier ist auch der Ort, um die folgenden Einzelbeiträge inhaltlich und systematisch zu verbinden und das gesamte Seminar zu reflektieren, z.B. herauszuarbeiten welche Themen besonders interessant waren, auf welchen Feldern besondere Erfolge festgestellt werden konnten oder in welchen Bereichen noch Fragen offen geblieben sind. Hier zeigt sich auch, dass es sinnvoll ist, das Portfolio im Laufe des Semesters kontinuierlich vorzubereiten, um etwa Details oder Veränderungen einzuarbeiten und um am Ende aus einer gewissen inhaltlichen Breite und Substanz schöpfen und auswählen zu können.

Das zweite Deckblatt, das jeden Text bzw. jede Einzelarbeit einführt, enthält neben formalen Aspekten auch (mindestens) einen inhaltlichen Part, die Begründung der Auswahl (Abb. 29, → Kopiervorlage 18, S. 135):

| Lehrveranstaltung: |
| Name, Vorname: |
| Datum: |
| Einzelarbeit: |
| Weshalb habe ich diese Einzelarbeit ausgewählt? |

Abb. 29:
Portfolio: Deckblatt einer Einzelarbeit

Die Begründung der Einzelarbeit bezieht sich beispielsweise auf etwas Besonderes, das nur mit diesem Textstück aufzeigbar ist (z.B. einen besonders interessanten Gedanken, ein spannender Absatz innerhalb eines Textes, eine Zusammenführung zweier Gedankengänge). Anhand mehrerer Einzelarbeiten können (verbunden mit anderen) Entwicklungen deutlich werden (z.B. beim Verfassen didaktischer Analysen in Unterrichtsentwürfen).

Die Auswahl ist also nicht nur darzustellen, sondern auch inhaltlich und fachlich herzuleiten.

Portfolio als Bewerbungsmappe

In der Schulpädagogik wird Portfolio auch unter dem Stichwort der »direkten Leistungsvorlage« diskutiert – die Leistungen werden direkt vorgelegt und nicht über den informationsarmen und wenig objektiven Zwischenschritt der schulischen Zensur (z.B. Vierlinger 1999). Personal- bzw. Schulleiter machen sich nun selbst ein Bild der Leistungsfähigkeit des Bewerbers/der Bewerberin. Mittels einer kompakten, begründeten und gezielt ausgewählten Zusammenstellung versucht der Bewerber/die Bewerberin Stärken zur Geltung zu bringen und eigene Entwicklungsphasen darzustellen.

Auch für angehende Lehrerinnen und Lehrer könnte dieses Portfoliokonzept in Zukunft an Bedeutung gewinnen: Die zunehmende Gestaltungsfreiheit und Profilbildung von Schulen führt zu schulscharfen Ausschreibungen – Schulen suchen Lehrkräfte mit bestimmten Arbeitsschwerpunkten und Stärken. Diese können in einem Bewerbungsportfolio dargestellt werden.

direkte Leistungsvorlage

10. Die mündliche Prüfung

- Schriftliche Gliederung
- Bloomsche Taxonomie
- Hinweise zum Prüfungsverlauf
- Fehlerquellen und ungeeignete Beurteilungskriterien

Die mündliche Prüfung ist Teil jeder Prüfungsordnung. Beispielsweise regelt §15 (»Mündliche Prüfung«) der Realschullehrerprüfungsordnung für Baden-Württemberg aus dem Jahr 2003 (RPO I 2003) in acht Absätzen die Dauer, das Zustandekommen der Note, die Zuordnung von Themen zur Prüfungs- und Studienordnung, die Erläuterung der Note (auf Verlangen) oder die Öffentlichkeit. Die Prüfungsordnung regelt also die juristisch korrekte und damit auch auf einer bestimmten Rechtsgrundlage einklagbare Durchführung der Prüfung. Selbstverständlich sollte man sich vor der Prüfung im Detail mit der gültigen Prüfungsordnung auseinander setzen, beispielsweise verlangen Studierende am Ende der Prüfung nur selten eine Begründung für die erteilte Note, was möglicherweise auf Unkenntnis der Prüfungsordnung zurückzuführen ist. Die mündliche Prüfung ist Teil einer Gesamtprüfung, zum Beispiel der »Ersten Staatsprüfung für das Lehramt an Realschulen«.

optimale Zeitnutzung Im Mittelpunkt der Prüfungsvorbereitung steht die Frage, wie man die verfügbare Zeit »optimal« nutzen und zu einem möglichst guten Prüfungsergebnis kommen kann. Daher wird sich jeder Prüfungskandidat/ jede Prüfungskandidatin über den Verlauf der Prüfung Gedanken machen und zum Beispiel versuchen schwierige Situationen zu antizipieren.

Schriftliche Gliederung

Mündliche Prüfungen bestehen in aller Regel aus einem Schwerpunktthema und einem allgemeinen Teil. Der allgemeine Teil deckt das breite Spektrum des Faches ab (wird deshalb gelegentlich ebenfalls eingeschränkt). Ein oder mehrere Schwerpunktthemen können vereinbart werden. An den meisten Hochschulen bzw. bei den meisten Prüfer/innen

Vorstrukturierung des Prüfungsthemas ist es üblich, eine schriftliche Gliederung zur Vorstrukturierung des Prüfungsthemas einzureichen. Diese Gliederung dient als Verständigung zwischen Prüfer/in und Prüfungskandidat/in – man »verhandelt« über die Breite und Struktur der Gliederung, insbesondere auch über die Literatur. Für Studierende ist die Festlegung der Gliederung eine Chance: Thema und Lernprozess lassen sich strukturieren, und die Ungewissheit vor der Prüfung kann reduziert werden.

breite ...

Wichtig erscheint mir, die Gliederung recht breit anzulegen. Obschon dadurch mehr gelernt werden muss, erleichtert dies das flexible Agieren in der Prüfung. Eine zu enge Gliederung provoziert weiter gehende Fragen. Hilfreich ist es darüber hinaus, unterschiedliche Aspekte eines Themas zu benennen: theoretische Fundierungen und praktische Beispiele; Stärken und Schwächen einer Konzeption; empirische Forschungsergebnisse *und* die eigene persönliche Erfahrung und Bewertung, allgemeine Prinzipien und konkrete Fallbeispiele etc.

... und vielfältige Gliederung

Versuchen Sie, die Gliederung mit einer doppelten Tiefenschicht zu versehen, sodass Sie die erste Schicht referieren und bei gezielten Fragen auf die zweite Schicht zurückgreifen können. Wer nach zwei Sätzen zu einem Gliederungs(unter)punkt nichts mehr sagen kann, der wird auf Nachfragen nicht reagieren können. Diese zweite Tiefenschicht kommt beispielsweise zur Geltung, wenn Sie bewusst bestimmte Begriffe nennen (auf Nachfragen hoffend) und dann diese Begriffe erläutern.

In fast allen Prüfungen wird nur ein Teil der Gliederung angesprochen und häufig die Struktur der Gliederung verlassen. Prüfungskandidat/innen sind dann möglicherweise enttäuscht, weil sie »umsonst« gelernt haben. Davon kann jedoch keine Rede sein. Eine breite Gliederung mit fundierten Kenntnissen gibt Ihnen Selbstvertrauen, erleichtert die Einordnung einer Frage und bereitet damit Ihren überzeugenden Auftritt vor.

Gliederungen können je nach Thema eine recht unterschiedliche Struktur haben. Dabei kristallisieren sich vier wichtige Strukturierungsmöglichkeiten heraus (Abb. 30, → Kopiervorlagen 19–22, S. 136–139).

Unterscheidung	Beispiel eines Schwerpunktthemas	Kopiervorlage
Begriffs- oder theoriebezogen	Offener Unterricht	→ K 19
Personenbezogen	Die Pädagogik Maria Montessoris	→ K 20
Themenbezogen	Die PISA-Studie	→ K 21
(Quasi) chronologisch	Die Entwicklung der Realschule	→ K 22

Abb. 30:
Mögliche Strukturen einer Gliederung

Weitere Varianten sind selbstverständlich sinnvoll und möglich (z.B. problembezogen). Die vier genannten Möglichkeiten unterscheiden sich zwar, weisen gleichwohl eine systematisch-chronologische Struktur auf, d.h., sie sind, sofern möglich, zeitlich angeordnet und folgen einer inneren Logik: Sie beginnen in der Regel mit geschichtlichen Gliederungspunkten und enden mit Perspektiven oder (praktischen) Konsequenzen. Die innere Logik zeigt sich beispielsweise darin, dass zunächst der Begriff definiert wird (z.B. offener Unterricht), um auf dieser Grundlage anschließend Untersuchungsergebnisse oder Praxisbeispiele zu analysieren.

Literaturangaben Ebenso variieren die Literaturangaben, auch dies wird in den Kopiervorlagen deutlich. Beispielsweise bietet es sich an, zum Thema »Maria Montessori« eine Primär- und eine Sekundärliteratur zu benennen – und nicht nur Sekundärliteratur heranzuziehen. Das Thema »Die PISA-Studie« hingegen kann z.T. mittels zusätzlicher Zeitschriftenartikel intensiver bearbeitet werden als über weitere Monografien.

Dozierende verlangen erfahrungsgemäß sehr unterschiedliche Gliederungen. Literaturangaben variieren ebenfalls beträchtlich. Die vier Kopiervorlagen (→ Kopiervorlagen 19–22, S. 136–139) sind daher lediglich Orientierungsbeispiele – erkundigen Sie sich in jedem Fall genau bei Ihrem Prüfer oder Ihrer Prüferin.

Bloomsche Taxonomie

Die bloomsche Taxonomie gilt nach wie vor als wichtige Strukturierung kognitiver Lernziele. Auch in der Literatur zur Prüfungsdidaktik oder zur Beurteilung von schriftlichen Arbeiten wird sie vielfach verwendet. Abb. 31, S. 103 verdeutlicht die Taxonomie anhand pädagogischer Themen und Beispiele.

gute Strukturie- Diese Taxonomie sollte nicht überstrapaziert werden, bietet jedoch
rungshilfe ... geeignete und fassbare Strukturierungshilfen zur Vorbereitung und Bewertung einer mündlichen Prüfungsleistung. Die gestufte Anordnung sollte nicht dazu verleiten, die unteren Ebenen (Kenntnisse, Verstehen) zu gering einzustufen: Wer die Anthroposophie Rudolf Steiners durchdringt und mit eigenen Worten wiedergeben kann, hat eine beachtliche Leistung erzielt. Die erste Stufe beschränkt sich auf die Wiedergabe auswendig gelernter Daten, diese Stufe kann im Prüfungsverlauf als Einstieg gewählt werden, zur Sicherung von unterstem Basiswissen, z.B. auch im Falle eines ungünstigen Prüfungsverlaufs. Die hierarchische Anordnung
... trotz kritischer der bloomschen Lernzieltaxonomie muss inzwischen kritisch betrachtet
Aspekte werden. Beispielsweise ist es fraglich, ob eine Bewertung eine derart höhere Stufe darstellt als die Stufe des Verstehens. Das Durchdringen und Verstehen tieferer Schichten eines schwierigen Textes kann durchaus anspruchsvoller sein als wissensbasierte Bewertungen. Daher hängt die Bewertung nicht nur am Erreichen höherer Stufen, sondern auch an der Komplexität des jeweiligen Themas.

Stufe	Beschreibung	Beispiele
Evaluation (Bewertung) ↑	Einen Sachverhalt im Hinblick auf innere Klarheit und/oder äußere Kriterien beurteilen.	• Die Konzeption zur Lesekompetenz der PISA-Studie durchleuchten: Welche Bereiche werden nicht erwähnt? Welche forschungsmethodischen Implikationen sind problematisch? • Zwei neuere Didaktikansätze (z.B. evolutionäre Didaktik, Bildungsgangdidaktik) anhand bestimmter Kriterien beurteilen/vergleichen.
Synthese ↑	Elemente und Teile zu einem stimmigen und begründeten Ganzen zusammensetzen.	• Aus verschiedenen Theorienansätzen, Diagnoseergebnissen und Kenntnissen über ein hyperaktives Kind wird ein Handlungsplan erstellt. • Auf der Grundlage forschungsmethodologischer und forschungsmethodischer Kenntnisse wird eine konkrete Fragestellung aus der Praxis entwickelt und ein Forschungsplan skizziert.
Analyse ↑	Themen/Theorien in ihre Bestandteile zerlegen, sodass Hierarchien und Beziehungen deutlich werden.	• Den Begriff »Offener Unterricht« in Ober- und Unterbegriffe einteilen, sowie historische Bezüge herstellen (z.B. mittels Strukturlegekärtchen).
Anwendung ↑	Allgemeine Regeln, Aussagen, Methoden auf praktische Anlässe und konkrete Situationen beziehen.	• Merkmale »guten« Unterrichts von Brophy/Good auf (eigene) Unterrichtssituationen beziehen. • Die »vier Seiten einer Nachricht« (Schulz von Thun) auf eine Gesprächssituation zwischen einer Lehrerin und einem Schulleiter anwenden können.
Verstehen ↑	Kenntnisse mit eigenen Worten wiedergeben. Eine Aussage dekodieren und in die eigene Sprache übersetzen, ohne den Sinn zu verletzen.	• Das Verhältnis von Mensch und Kosmos im Weltbild von Rudolf Steiner in eigenen Worten wiedergeben.
Kenntnisse ↑	Fakten werden aus der Erinnerung wiedergegeben und reproduziert.	• Die sechs Kompetenzstufen des Bereichs »Lesekompetenz« der PISA-Studie nennen. • Das Schulsystem von Finnland beschreiben.
(ver. n. Bloom 1972)		

Abb. 31:

Kognitive Taxonomie

Hinweise zum Prüfungsverlauf

Die Einordnung von Fragen und Antworten in die bloomsche Taxonomie ist zwar hilfreich, aber sicher nicht ausreichend. Im Rahmen eines erziehungswissenschaftlichen Studiums und insbesondere in der verdichteten Situation einer mündlichen Prüfung können weitere Hinweise wichtig sein.

Den Gesprächseinstieg vorbereiten

Wer beginnt wie? Häufig können Studierende selbst den Einstieg wählen. Dies ist eine Chance, die es zu nutzen gilt. Überlegen Sie sich, mit welchem Thema und welchen Inhalten Sie beginnen möchten. Wählen Sie **Begriffe gezielt** ein sicheres Terrain, sodass Sie allmählich in die Prüfung hineinfinden. **setzen** Sorgen Sie auch dafür, dass Sie wichtige Begriffe gezielt setzen und auf Nachfragen gefasst sind. Wenn der Einstieg vorgegeben wird, dann sollte die Prüfungskommission bzw. einzelne Prüfer/innen mit einer Frage beginnen, die einen positiven Einstieg ermöglicht, beispielsweise einen Grundbegriff der Gliederung erfragen, oder eine eher offene Einstiegssituation skizzieren, die in jedem Fall ausreichend Antwortmöglichkeiten bietet.

Die Basis der Argumentation benennen

Einer der häufigsten Schwächen bei mündlichen Prüfungen ist der unreflektierte Wechsel der Begründungsbasis. Mindestens vier Richtungen lassen sich hier unterscheiden:

mögliche Argumentationsmuster
- Man kann erstens auf eine Frage mit einer eigenen Einschätzung (Alltagswissen) reagieren (»Meiner Meinung nach …«);
- man kann zweitens auf die Meinung eines Dritten, z.B. eines Erziehungswissenschaftlers, verweisen (»Im Gegensatz zu Wolfgang Klafki würde Jürgen Baumert hierzu sagen …«);
- man kann drittens theoretisch-systematisch argumentieren (»Auf der Grundlage des Konstruktivismus ist dazu Folgendes zu sagen …«), und
- man kann viertens auf empirische Forschungsergebnisse verweisen (»Wie das Pfadmodell zur Lesekompetenz im Rahmen der PISA-Studie nahe legt …«).

Nun ist die erste Argumentationsebene, die eigene Meinung, selbstredend nicht zwangsläufig die schlechteste, sie wird jedoch zu einer schwachen Antwort, wenn überhaupt nicht nach der eigenen Meinung gefragt war oder wenn die eigene Meinung überstrapaziert wird, wenn also zu viele Fragen nur über eine eigene Meinung beantwortet werden. Dies könnte von den Prüfer/innen so verstanden werden, dass Sie sich nicht intensiv genug mit der Thematik befasst haben (z.B. die Ebene 2 des Verstehens nach Bloom nicht ausreichend abdecken) oder gar den wissenschaftlichen Anspruch der Prüfung falsch einschätzen.

Ein typisches Beispiel: Im Rahmen des Prüfungsschwerpunktes »Gewalt an Schulen« könnte die Frage auftauchen: »Welcher Zusammenhang besteht zwischen häufigem Fernsehkonsum und Gewalt.« Wer hier nur mit der eigenen Erfahrung und Einschätzung (»Ich glaube ...«; »Im Praktikum konnte ich mit einer Schülerin sprechen ...«; »Die Tochter meines Bruders ...«; »Ich bin mir ganz sicher, dass ...«) argumentiert, erfüllt sicher nicht den Anspruch einer wissenschaftlichen Prüfung. Vielmehr wären hier empirische Untersuchungen zu benennen und zu analysieren oder eine medienpädagogische Grundposition heranzuziehen. Anschließend könnte durchaus eine eigene Position vertreten werden.

Beispiel

Zum Umgang mit Fragen

Selbst wenn die Antwort sehr klar ist, lohnt es sich, in einigen Sätzen weiter auszuholen und zu zeigen, dass man diese Frage auch wesentlich breiter beantworten könnte. So kann man ...

- die gewünschte Antwort in einen größeren Zusammenhang stellen: »Zunächst würde ich gerne kurz ausholen, um damit ...«;
- die Frage einordnen: »Ihre Frage zielt möglicherweise auf ...«;
- Verbindungen herstellen: »Diese Frage lässt sich sowohl mit ..., als auch mit ... und ... verbinden. Ich beginne zunächst ...«.

Varianten

Sie nutzen damit eine Frage, um ein weites Terrain zu eröffnen, in dem Sie sich sicher fühlen. Da die Prüfungszeit kurz ist und Sie Ihr gelerntes Wissen nur ausschnittweise anbringen werden, ist es legitim, wenn Sie eine Frage nicht nur beantworten, sondern in der Antwort bereits weitere Belege Ihres Wissens verankern. Selbstverständlich ist nicht garantiert, dass der Prüfer/die Prüferin darauf eingehen wird, aber Sie haben dann immerhin bereits ein gewisses Spektrum angedeutet.

Bei Wissenslücken angemessen reagieren

In jeder Prüfung tauchen Fragen auf, die ein Prüfungskandidat/eine Prüfungskandidatin nicht beantworten kann. Was tun? Eine wenig geeignete Reaktion ist das »Herumreden«. Die Prüfungskommission, in jedem Fall

nicht »Herumreden«!

der Prüfer bzw. die Prüferin des jeweiligen Themas wird das merken. Ausschweifende und nichts sagende Antworten provozieren Nachfragen. Die Gefahr erhöht sich also, dass das Prüfungsgespräch an einer ungünstigen Stelle verweilt und diese einen breiten Zeitraum (auch in der Erinnerung der Kommission) einnimmt. Mindestens drei alternative Antworten erscheinen mir geeigneter:

geeignete Alternativen

- Eine klare Antwort geben: »Tut mir Leid, mit dieser Frage habe ich mich bei der Vorbereitung nicht beschäftigt.«
- Um Konkretisierung oder Veränderung der Frage bitten: »Diese Frage habe ich nicht verstanden, könnten Sie die Frage bitte anders formulieren.« (Diese Antwort setzt voraus, dass Sie wirklich unsicher sind, was der Prüfer/die Prüferin wissen möchte).
- Nachdenken und überlegen ob gute Verbindungen zu anderen Bereichen möglich sind: »Mit dieser Frage habe ich mich zwar noch nicht befasst, ich könnte mir aber vorstellen ...«; oder: »Das ist wirklich eine spannende Frage, ich könnte mir vorstellen ...«

Verbindungen herstellen

Nach wie vor verleitet die Fächerstruktur an Hochschulen zu gedanklich getrenntem Studium. Wenn bereits während des Studiums nur wenig vernetzt, problembezogen oder überfachlich gearbeitet wurde, dann ist die Wahrscheinlichkeit hoch, dass auch in der Prüfung vernetztes Denken vernachlässigt wird.

Bereits bei der Vorbereitung können die Prüfungsthemen vernetzt werden. Erziehungswissenschaft ist ein Grundlagenfach. Sämtliche erziehungswissenschaftliche Themen können daher fachspezifisch betrachtet werden. Eine Vernetzungsleistung besteht bereits darin, erziehungswissenschaftliche mit fachdidaktischen Themen zu verbinden oder zumindest an fachspezifischen Beispielen zu konkretisieren, z.B.:

fachspezifische Beispiele

- Wer sich mit »Handlungsorientiertem Unterricht« befasst, könnte geschmeidig an produktionsorientierten Literaturunterricht anknüpfen und beides unter der Gefahr des verkürzten »Bastelns und Hantierens« kritisch betrachten.
- Wer »Lernen und Spielen« als erziehungswissenschaftliches Thema ausgewählt hat, sollte einige fachspezifische Beispiele vorbereiten (z.B. sinnvolle Lernspiele im Grammatikunterricht; kommunikative Spiele im Fremdsprachenunterricht in höheren Klassen).

Eine weitere Vernetzungsleistung tritt auf, wenn Sie zwischen unterschiedlichen erziehungswissenschaftlichen Themen Verbindungen herstellen können. Die Art der Verbindung hängt hier stark von Ihren gewählten Prüfungsschwerpunkten ab und kann hier nur angedeutet werden:

- Wer sich mit der »Pädagogik von Célestin Freinet« einerseits und mit »empirischer Bildungsforschung am Beispiel der PISA-Studie« andererseits befasst, könnte zu der Frage kommen, inwiefern Freinet einen immer noch aktuellen Umgang mit Texten zu attestieren wäre.
- Wer sich mit der »bildungstheoretischen Didaktik von Wolfgang Klafki« einerseits und mit »Bildungsstandards« andererseits befasst, könnte den Zusammenhang zwischen formaler und materialer Bildung bei Klafki sowie dem domänenspezifischen Kompetenzbegriff des Klieme-Gutachtens diskutieren.

Eine gute Vernetzungsmöglichkeit liegt darüber hinaus darin, unterschiedliche Themen oder Praxisbeispiele unter einer gemeinsamen Theorie zu betrachten (z.B. »Beide Beispielen könnten konstruktivistisch begründet werden …, allerdings …«).

Warten Sie also nicht ab, bis in der Prüfung die Frage der Vernetzung auftaucht, sondern deuten Sie offensiv an geeigneten Stellen Querverbindungen an.

Eine eigene und begründete Position beziehen

Sicher werden es Prüfer/innen honorieren, wenn eine Kandidatin/ein Kandidat eine eigene Position beziehen und diese überzeugend begründen kann. Dies zeigt, dass man sich nicht beliebig vereinnahmen lässt und eigene Prioritäten im weiten Feld unterschiedlicher Denk- und Sichtweisen setzt. Allerdings sollte die eigene Position nicht zu häufig und nicht bei jeder Frage im Vordergrund stehen und zudem die Theorie- und Forschungslage nicht ignorieren (s.o.).

Eine kritische und reflektierte Position beziehen

Nicht jede eigene Position ist eine kritische Position und nicht jede kritische Position ist eine eigene Position. So kann man beispielsweise die Waldorfpädagogik durchaus kritisch analysieren und möglicherweise trotzdem zu einer positiven Gesamteinschätzung heutiger Waldorfschulen kommen. Ein kritischer Blick wird deutlich, wenn man nicht vorschnell eine einseitige Position bezieht, sondern zunächst Gegenargumente darlegt und gewichtet (»Zunächst möchte ich die Position von Andreas Gruschka zur Methodenfrage darstellen …«). Wer euphorisch einer einzigen pädagogischen Richtung (oder Definition oder Theorie) folgt, zeigt sich wenig kritisch und reflektiert. »Reflexionsfähigkeit« zeigt man beispielsweise, wenn man andere Positionen auch dann honorieren kann, wenn sie nicht der eigenen entsprechen (also einen Perspektivenwechsel vollziehen kann) sowie Schwächen der eigenen Position benennen kann.

Fehlerquellen und ungeeignete Beurteilungskriterien

Ähnlich wie die schulische Zensurengebung sind auch mündliche Prüfungen durchdrungen von Fehlerquellen, d.h. von wesensfremden Entscheidungskriterien, die eigentlich nicht berücksichtigt werden sollten. Typische Fehlerquellen sind die folgenden (vgl. Bohl 2004, S. 66 ff.):

typische Fehlerquellen

- *Logischer Fehler (implizite Persönlichkeitstheorie):* Hier schließt der Prüfer von der Leistung eines Studenten vor der Prüfung auf die Leistung innerhalb der Prüfung, beispielsweise wenn er den Studenten im Praktikum kennen gelernt hat. Die Einschätzung muss zwar nicht falsch sein, stellt jedoch keine sachliche Basis einer professionellen Prüfungsbewertung dar.
- *Reihungsfehler:* In der Abfolge mehrerer Prüfungen scheuen sich Prüfer/innen möglicherweise, mehrfach hintereinander dieselbe Note zu erteilen.
- *Kontrast- oder Ähnlichkeitsfehler:* Hier schließt eine Prüferin von eigenen Kenntnissen (z.B. in ihrem langjährigen Forschungsgebiet) auf erwartete Kenntnissen der Studentin, d.h., wenn sie ein Thema prüft, in dem sie sich nicht derart sicher bewegt, wird sie möglicherweise weniger streng prüfen.
- *Milde- und Strengefehler:* Manche Prüfer/innen legen kontinuierlich einen strengeren Maßstab an als andere, oder sie variieren in der Strenge, z.B. auf Grund von Sympathie gegenüber bestimmten Prüfungskandidat/innen.
- *Tendenz zur Mitte:* Während in der Schule die Mitte bei der Note 3 bis 3,5 liegt, ist sie in der Hochschule wohl eher besser als 3. Aber auch in der Hochschule kann die Tendenz bestehen, extreme Noten, insbesondere extrem schlechte Noten zu meiden.
- *Haloeffekt (Hofeffekt):* Dieser Effekt tritt ein, wenn eine Eigenschaft eines Prüfungskandidaten die Note beeinflusst, obwohl kein Zusammenhang besteht, beispielsweise auf Grund der schlampigen Kleidung, auf Grund vermeintlich passiven oder unangemessenen Verhaltens in Lehrveranstaltungen oder auf Grund einer zu spät abgegebenen Gliederung.

- *Wissen-um-die-Folgen-Fehler:* Dieser Effekt könnte an Hochschulen zu bestimmten Zeiten besonders gravierend wirken, etwa bei schlechten Einstellungschancen von Lehramtsabsolvent/innen. Die Prüfer/innen urteilen hier milder, weil sie wissen, dass die Note unmittelbare Auswirkungen hat.
- *Pygmalion-Effekt:* Dieser Effekt beschreibt die komplexe Wechselwirkung von Vorannahmen des Prüfers/der Prüfer über einzelne Studierende und den daraus resultierenden spezifischen Interaktionen (z.B. Bevorzugung, Benachteiligung), die wiederum eine bestimmte Reaktion auf Seiten der Studierenden hervorrufen und damit z.B. Selbstkonzept, Motivation, Leistungsniveau beeinflussen. Der Effekt tritt besonders ein, wenn z.B. ein Prüfungskandidat eine mündliche Prüfung bereits nicht bestanden hat und wiederholt antritt.
- *Ermüdungseffekt:* Gegen Ende eines langen Prüfungstages können sich Ermüdungs- und Konzentrationsschwächen einstellen. Diese wirken nachteilig, wenn insbesondere bei schwachen Kandidat/innen nicht mehr konzentriert mitgedacht und flexibel reagiert werden kann. Andererseits kann dieser Effekt dann auch zu Nachgiebigkeit führen, wenn der Prüfer/die Prüferin selbstkritisch die eigene Schwäche erkennt.

Diese Fehlerquellen lassen sich möglicherweise nicht grundsätzlich vermeiden. Allerdings ist es durchaus möglich, das Ausmaß an Subjektivität und Ungerechtigkeit zu vermindern – z.B. wenn man als Prüfer/in das eigene Verhalten und den Prüfungsverlauf selbstkritisch reflektiert. Die genannten Fehlerquellen fordern dazu heraus.

Ziel: Subjektivität und Ungerechtigkeit vermindern

11. Literaturverzeichnis

Abel, J./Möller, R./Treumann, K. P. (Hrsg.) (1998): Einführung in die empirische Pädagogik. Stuttgart: Kohlhammer

Aebli, H. (1980): Denken: das Ordnen des Tuns. Band I: Kognitive Aspekte der Handlungstheorie. Stuttgart: Klett-Cotta

Aebli, H. (1981): Denken: das Ordnen des Tuns. Band II: Denkprozesse. Stuttgart: Klett-Cotta

Aeschbacher, U. (1989): »Reziprokes Lehren«. Eine amerikanische Unterrichtsmethode zur Verbesserung des Textverstehens. In: Beiträge zur Lehrerbildung. 7. Jg./Heft 2, S. 194–204

Altrichter, H. (1990): Ist das noch Wissenschaft? Darstellung und wissenschaftstheoretische Diskussion einer von Lehrern betriebenen Aktionsforschung. München: Profil

Altrichter, H./Posch, P. (1998): Lehrer erforschen ihren Unterricht. Eine Einführung in die Methoden der Aktionsforschung. Bad Heilbrunn: Klinkhardt, 3. Aufl.

Atteslander, P. (1995): Methoden der empirischen Sozialforschung. Berlin und New York: De Gruyter, 8. Aufl.

Bänsch, A. (1996): Wissenschaftliches Arbeiten: Seminar- und Diplomarbeiten. München: Oldenbourg, 5. überarb. und erw. Aufl.

Barthel, W. (2001): Prüfungen – kein Problem! Weinheim: Beltz

Bleuel, J. (2001): Zitierung von Internet-Quellen. In: Hug, T. (Hrsg.): Einführung in das wissenschaftliche Arbeiten. Baltmannsweiler: Schneider, S. 383–398

Bloom, B.S. (Hrsg.) (1972): Taxonomie von Lernzielen im kognitiven Bereich. Weinheim: Beltz

Boehnke, H. (2000): Vom Referat bis zur Examensarbeit. Mit Sonderkapitel: Internet und elektronische Recherche. Niederhausen: Falken Verlag

Bohl, T. (2004): Prüfen und Bewerten im Offenen Unterricht. Weinheim und Basel: Beltz

Bortz, J./Döring, N. (1995): Forschungsmethoden und Evaluation. Heidelberg: Springer

Bräuer, G. (1998): Schreibend lernen. Grundlagen einer theoretischen und praktischen Schreibpädagogik. Innsbruck und Wien: Studien Verlag

Bräuer, G. (2000): Schreiben als reflexive Praxis: Tagebuch, Arbeitsjournal, Portfolio. Freiburg i.B.: Fillibach

Bünting, K./Bitterlich, A./Pospiech, U. (1996): Schreiben im Studium: mit Erfolg. Ein Leitfaden. Berlin: Cornelsen

Dietze, L. (1999): Mündlich: ausgezeichnet. Informationen, Tipps und Übungen für ein optimales Examen. Berlin: Cornelsen

Eberwein, H./Mand, J. (Hrsg.) (1995): Forschen für die Schulpraxis. Was Lehrer über Erkenntnisse qualitativer Sozialforschung wissen sollten. Weinheim: Deutscher Studien Verlag

Eco, U. (1992): Wie man eine wissenschaftliche Abschlußarbeit schreibt. Heidelberg: UTB/C.F. Müller, 5. Aufl.

Emer, W. (2000): Begriffsklärungen. In: Horst, U./Ohly, K.P. (Hrsg.): Lernmethoden – Arbeitstechniken. Seelze: Friedrich, S. 76–77

Emer, W. (2000): Rezension. In: Horst, U./Ohly, K.P. (Hrsg.): Lernmethoden – Arbeitstechniken. Seelze: Friedrich, S. 118–119

Engel, S./Preißner, A. (1998): Promotionsratgeber. München: Oldenbourg

Esselborn, H. (2002): Von der Idee zum Text. Ein Trainingsprogramm zum wissenschaftlichen Schreiben. München: UTB

Franck, N. (1998): Fit fürs Studium. Erfolgreich reden, lesen, schreiben. München: dtv

Friebertshäuser, B./Prengel, A. (Hrsg.) (1997): Handbuch Qualitative Forschungsmethoden in der Erziehungswissenschaft. Weinheim u.a.: Juventa

Friedrichs, J. (1979): Methoden empirischer Sozialforschung. Reinbek bei Hamburg: Rowohlt

Groeben, N. (1988): Das Forschungsprogramm subjektive Theorien. Eine Einführung in die Psychologie des reflexiven Subjekts. Tübingen: Francke

Grunwald, K./Spitta, J. (1999): Wissenschaftliches Arbeiten. Grundlagen zu Herangehensweisen, Darstellungsformen und Regeln. Eschborn: Dietmar Klotz, 2. Aufl.

Gudjons, H. (2001): Pädagogisches Grundwissen. Bad Heilbrunn: Klinkhardt, 7. Aufl.

Gugel, G. (2004): Methoden-Manual I : »Neues Lernen«. Tausend Praxisvorschläge für Schule und Lehrerbildung. Weinheim und Basel: Beltz, 4. Aufl.

Gugel, G. (2003): Methoden-Manual II : »Neues Lernen«. Tausend neue Praxisvorschläge für Schule und Lehrerbildung. Weinheim und Basel: Beltz, 2. Aufl.

Gunzenhäuser, R./Haas, E. (2000): Promovieren mit Plan. Ihr individueller Weg von der Themensuche zum Doktortitel. Wien: Ueberreuther

Häcker, T. (2002): Der Portfolioansatz – die Wiederentdeckung des Lernsubjekts? Rezeption und Entwicklungen im deutschen Sprachraum. In: Die Deutsche Schule. 94. Jg./2002/Heft 2, S. 204–217

Hartmann, M./Frank, F./Nietmann, H. (1992): Präsentieren. Präsentationen: zielgerichtet und adressatenorientiert. Weinheim und Basel: Beltz, 2. Aufl.

Hierdeis, I. (2001): Wie schreibe ich eine Rezension? In: Hug, T. (Hrsg.): Einführung in das wissenschaftliche Arbeiten. Baltmannsweiler: Schneider, S. 196–213

Holzkamp, K. (1993): Lernen. Subjektwissenschaftliche Grundlegung. Frankfurt a. M. und New York: Campus

Horst, U./Ohly, K.P. (Hrsg.) (2000): Lernmethoden – Arbeitstechniken. Seelze: Friedrich

Hug, T. (Hrsg.) (2001): Einführung in das wissenschaftliche Arbeiten. Baltmannsweiler: Schneider

Jaspers, K. (1923): Die Idee der Universität. Berlin: Springer

Jele, H. (2003): Wissenschaftliches Arbeiten: Zitieren. München und Wien: Oldenbourg

Kiel, E. (2001): Grundstrukturen wissenschaftlicher Diskurstätigkeit. Beschreiben, Interpretieren, Bewerten, Erklären, Begründen, Beweisen, Rechtfertigen, Bestreiten. In: Hug, T. (Hrsg.): Einführung in das wissenschaftliche Arbeiten. Baltmannsweiler: Schneider, S. 56–68

Knigge-Illner, H./Kruse, O. (Hrsg.) (1994): Studieren mit Lust und Methode. Neue Gruppenkonzepte für Beratung und Lehre. Weinheim: Deutscher Studien Verlag

Knoll, J. (1993): Kurs- und Seminarmethoden. Ein Trainingsbuch zur Gestaltung von Kursen und Seminaren, Arbeits- und Gesprächskreisen. Weinheim und Basel: Beltz

Kruse, O. (1994): Keine Angst vor dem leeren Blatt. Ohne Schreibblockaden durchs Studium. Frankfurt a.M.: Campus

Kühn, P. (2003): Lesekompetenz und Leseverstehen. Didaktisch-methodische Orientierungen zur Leseförderung im Muttersprachenunterricht. In: Lernchancen. 6. Jg./2003/Heft 35, S. 4–9

Kührt, P. (2004): Quellenkritik im Internet. Empfehlungen für Recherchen im Unterricht. In: Die Deutsche Schule. 96. Jg./Heft 1, S. 85–93

Lamnek, S. (1995a): Qualitative Sozialforschung. Band 1: Methodologie. Weinheim: Beltz/Psychologie Verlags Union, 3. Aufl.

Lamnek, S. (1995b): Qualitative Sozialforschung. Band 2: Methoden und Techniken. Weinheim: Beltz/Psychologie Verlags Union, 3. Aufl.

Leontjew, A.N. (1982): Tätigkeit – Bewusstsein – Persönlichkeit. Köln: Pahl-Rugenstein

Mayring, P. (1999): Einführung in die qualitative Sozialforschung. Weinheim: Beltz/Psychologie Verlags Union, 4. Aufl.

Meer, D. (1998): Der Prüfer ist nicht der König. Mündliche Abschlussprüfungen an der Hochschule. Tübingen: Niemeyer

Meyer, H. (1997): Schulpädagogik. Band I: Für Anfänger. Frankfurt a.M.: Cornelsen Scriptor

Moser, H. (1995): Grundlagen der Praxisforschung. Freiburg i.B.: Lambertus

Müller, C. (2001): SchreibLust. Von der Freude am wissenschaftlichen Schreiben. Münster: Votum

Pabst-Weinschenk, M. (2000): Reden im Studium. Berlin: Wissenschaftliche Buchgesellschaft Cornelsen Verlag

Peterßen, W. (1987): Wissenschaftliches Arbeiten: nicht leicht, aber erlernbar. München: Ehrenwirth

Peterßen, W. (2001): Wissenschaftliches Arbeiten: eine Einführung für Schule und Studium. München: Oldenbourg, 6. überarb. u. erw. Aufl.

Poenicke, K. (1989): Die schriftliche Arbeit: Materialsammlung und Manuskriptgestaltung für Fach-, Seminar- und Abschlussarbeiten an Schule und Universität. Mit vielen Beispielen. Mannheim, Wien, Zürich: Dudenverlag, 2. verb. Aufl.

Presler, G. (2002): Referate schreiben – Referate halten. Paderborn: Schöningh/UTB

Pyerin, B. (2001): Kreatives wissenschaftliches Schreiben: Tipps und Tricks gegen Schreibblockaden. München: Juventa

Rost, F. (1999): Lern- und Arbeitstechniken für pädagogische Studiengänge. Opladen: Leske und Budrich, 2. Aufl.

Rückriem, G./Stary, J./Franck, N. (1992): Die Technik wissenschaftlichen Arbeitens. Eine praktische Anleitung. Paderborn u.a.: Schöningh, 7. Aufl.

Samel, I. (2000): Einführung in die feministische Sprachwissenschaft. Berlin: Erich Schmidt Verlag, 2. überarb. und erw. Aufl.

Schräder-Naef, R. (1989): Rationeller Lernen lernen. Weinheim und Basel: Beltz, 15. Aufl.

Sesink, W. (1999): Einführung in das wissenschaftliche Arbeiten ohne und mit PC. München: Oldenbourg, 4. Aufl.

Spaemann, R./Löw, R. (Hrsg.) (1991): Die Frage wozu? Geschichte und Wiederentdeckung des teleologischen Denkens. München: Piper, 3. Aufl.

Stary, J.H./Kretschmer, H. (1994): Umgang mit wissenschaftlicher Literatur. Eine Arbeitshilfe für das sozial- und geisteswissenschaftliche Studium. Berlin: Cornelsen Scriptor

Steinbuch, U. (1998): Raus mit der Sprache. Ohne Redeangst durchs Studium. Frankfurt a.M. und New York: Campus

Stickel-Wolf, C./Wolf, J. (2001): Wissenschaftliches Arbeiten und Lerntechniken. Erfolgreich studieren – gewusst wie! Wiesbaden: Gabler

Theisen, M.R. (1997): Wissenschaftliches Arbeiten: Technik – Methodik – Form. München: Vahlen, 8. aktualisierte und erw. Aufl.

Topsch, W. (1994): Examensarbeiten/Semesterarbeiten: Hilfen und Anregungen für die Gestaltung von Texten im Bereich der Erziehungswissenschaft. Oldenburg: Oldenburger Vordrucke des Zentrum für pädagogische Berufspraxis Heft 223

Topsch, W. (2000): Leitfaden: Examensarbeit für das Lehramt. Anregungen und Beispiele. Neuwied: Luchterhand

Vierlinger, R. (1999): Leistung spricht für sich selbst. »Direkte Leistungsvorlage« (Portfolios) statt Ziffernzensuren und Notenfetischismus. Heinsberg: Dieck-Verlag

Wahl, D./Wölfing, W. (1995): Erwachsenenbildung konkret. Beltz. Weinheim, 4. Aufl.

Weber, M. (1972): Wirtschaft und Gesellschaft. Grundriß der verstehenden Soziologie. Studienausgabe. Tübingen: J.C.B. Mohr (Paul Siebeck), 5. Aufl.

Werder, L. v. (1996): Lehrbuch des kreativen Schreibens. Berlin: Schibri

Wildt, J./Gaus, O. (Hrsg.) (2001): Journalistisches Schreiben für Wissenschaftler. Neuwied: Luchterhand

Will, H. (1994): Mini-Handbuch Vortrag und Präsentationen. Für Ihren nächsten Auftritt vor Publikum. Weinheim und Basel: Beltz

Winter, F. (2004): Leistungsbewertung. Eine neue Lernkultur braucht einen anderen Umgang mit Schülerleistungen. Hohengehren: Schneider

12. Kopiervorlagen

Die folgenden Kopiervorlagen können zur Bearbeitung auf DIN A4 vergrößert werden (Vergrößerungsmaßstab ca. 120 %)

K 1: Orientierung in der lokalen Hochschulbibliothek

	Machen Sie sich in Ihrer Bibliothek kundig!
1.	Öffnungszeiten
2.	Räumlichkeiten und Architektur
3.	Computerplätze (Anzahl, OPAC-Zugang)
4.	Weitere Recherchemöglichkeiten (z.B. Kataloge, Mikrofiche)
5.	Aufgaben des Bibliothekpersonals
6.	Systematik der Bibliothek (Signaturen, Präsenz, Fachsystematik)
7.	Systematik der Fachzeitschriften (Ausleihe, präsente Jahrgänge)
8.	Voraussetzungen zur Ausleihe (Anmeldung, Ausweis etc.)
9.	Ausleihfristen und Mahngebühren
10.	Verfahren zur Vorbestellung
11.	Verfahren zur Fernleihe
12.	Kaufwünsche (Dauer, bis der gewünschte Band verfügbar ist)
13.	Ausleihe weiterer Materialien: Video, CDs, DVDs etc.
14.	Recherche- und Ausleihmöglichkeiten über Internet
15.	Kopiermöglichkeiten in der Bibliothek (Copycard?)
16.	Standort der Semesterapparate der Dozent/innen
17.	Weitere lokale Ausleihmöglichkeiten (z.B. Stadtbibliothek, Kreisbildstelle)
18.	?
19.	?

K 2:   Profil von Fachzeitschriften: Analysekriterien

Grundlegende Angaben	• Titel • Verlag • Signatur/Standort/Ausleihmöglichkeiten • Erscheinungsweise (z.B. monatlich, vierteljährlich)
Profil	• Zielgruppe (z.B. Wissenschaft, Schulen, Eltern) • Länge der Beiträge • Themenschwerpunkt oder Beitragssammlung • Inhaltliches Profil (z.B. empirische Beiträge, Essays, Praxisberichte) • Disziplinübergreifende Beiträge • Niveau der Beiträge • Rubriken (z.B. Rezensionen, Magazin, Diskussionsforen, Internetforen) • Englischsprachige Zusammenfassungen • ?
Aufmachung und Layout	• Professionell (z.B. Druckqualität, Fehlerhäufigkeit) • Ansprechend? Grafiken? Fotos? Lesbarkeit? Format? • Qualität im Detail (z.B. einheitliche Literaturangaben) • ?
Redaktion und Beirat	• Besetzung (international, national, regional) • Verschiedene Personengruppen (z.B. Wissenschaft, Schule) • ?
Konkurrenz	• Zeitschriften anderer Verlage mit ähnlicher Zielgruppe • Preisvergleich • ?
Renommee	• Was meinen Fachleute? • Jahrgang (evtl. mit ähnlichen Zeitschriften vergleichen)? • ?
Sonstiges	• Regelmäßige Sonder- oder Beihefte • Profil des Verlags • Zusätzliches Internetangebot • Veröffentlichungsorgan eines Verbandes • Anteil an Anzeigen und Werbung • ?

K 3:   Blankoraster zur Zeitplanung (sechs Monate)

	V	N	A		V	N	A		V	N	A		V	N	A		V	N	A		V	N	A
Mo																							
Di																							
Mi																							
Do																							
Fr																							
Sa																							
So																							
Mo																							
Di																							
Mi																							
Do																							
Fr																							
Sa																							
So																							
Mo																							
Di																							
Mi																							
Do																							
Fr																							
Sa																							
So																							
Mo																							
Di																							
Mi																							
Do																							
Fr																							
Sa																							
So																							

☒ Inhaltl. Arbeit/Schreiben	☐ Organisation/Recherche/ Vorbereitung	V = Vormittag / N = Nachmittag A = Abend

K 4:   Struktur eines Exzerpts

Codierung:	Standort:	Signatur:
Bibliografische Angaben:		

Exzerpt	**Kommentar/Hinweise**

Relevanz für die eigene Arbeit

Gesamteinschätzung

K 5: Literaturangaben (gängige Beispiele)

Monografie	Oelkers, J. (1996): Reformpädagogik. Eine kritische Dogmengeschichte. Weinheim und München: Juventa, 3. Aufl.
Herausgeber eines Sammelbandes	Rolff, H.-G./Bauer, K.-O./Klemm, K./Pfeiffer, H. (Hrsg.) (1996): Jahrbuch der Schulentwicklung. Bd. 9. Weinheim und München: Juventa
Artikel in Zeitschriften	Menzel, W. (2002): Lesen lernen dauert ein Leben lang. Methoden zur Verbesserung der Lesefähigkeit und des Textverständnisses. In: Praxis Deutsch. 29. Jg./Heft 176, S. 20–24
Beitrag in einem Sammelband	Kanders, M./Rösner, E./Rolff, H.-G. (1996): Das Bild der Schule aus der Sicht von Schülern und Lehrern – Ergebnisse zweier IFS-Repräsentativbefragungen. In: Rolff, H.-G./Bauer, K.-O./Klemm, K./Pfeiffer, H. (Hrsg.): Jahrbuch der Schulentwicklung. Bd. 9. Weinheim und München: Juventa, S. 57–114
Internetquellen	Jürgens, E. (2001): Qualität sichern – Unterricht öffnen – Leistungen zeigen. Online: URL: http://www.teachersnews.net/newsletter/ 010201_35.htm [Datum der Recherche: 07.01.2003]
Artikel in einer Zeitung	Rolff, H.-G. (2002): Ein Traum von einer Lehranstalt. Mehr Freiheit und Lust am Lernen, mehr Kontrolle und Wettbewerb. Ein Blick in den Stundenplan der Zukunft. In: Die Zeit. Nr. 6/2002 vom 31.01.2003, S. 31
Neue Herausgabe eines Klassikers	Comenius, J. A. (1628/1960): Große Didaktik. Übers. und hrsg. von A. Flitner. Düsseldorf und München: Küpper, vormals Bondi, 2. Aufl.
Mehrere Angaben eines Autors mit Buchstaben kennzeichnen	Jürgens, E. (1995a): Die »neue« Reformpädagogik und die Bewegung Offener Unterricht. Sankt Augustin, 2. Aufl. Jürgens, E. (1995b): Diskussion der Wirkungen Offenen Unterrichts. In: Schulmagazin 5 bis 10. 10. Jg./Heft 9, S. 76–79

K 6:   Korrektur eines Literaturanhangs

Korrigieren und vereinheitlichen Sie diesen Auszug aus dem Literaturanhang einer Hausarbeit:

Horster, L. u. a.: Unterrichtsentwicklung. Grundlagen, Praxis, Steuerungs-
prozesse. Beltz 2001

Beck: Eigenständiges Lernen – eine Herausforderung für Schule und Lehrerbildung. In: Beiträge zur Lehrerbildung, 7. Jg./Heft 2, S. 169–178.

Bennett, B. (2002): Unterrichtsentwicklung braucht pädagogische
Intelligenz. In: Journal für Schulentwicklung. 6. Jg./2002/Heft 4, S. 48ff

Gasser, P. (1999): Neue Lernkultur. Eine integrative Didaktik. Sauerländer.

Glötzl, H.: Prinzipien effektiven Unterrichts. Handbuch für die Erziehungs-
und Unterrichtspraxis. Band 1. Klett: Stuttgart, 2000

Gudjons, H. (2002): Vom Wert pädagogischen Erfahrungswissen.
In: Pädagogik, 12. Jg./Heft 54, S. 6–8

Heckhausen, H./Gollwitzer, P. M./Weinert, F. E (1987) (Hrsg.): Jenseits des
Rubikon: Der Wille in den Humanwissenschaften. Berlin u. a.: Springer.

Klippert, H. (2000): Methoden-Training. Weinheim & Basel: Beltz, 11. Aufl.

Klippert, H.: Teamentwicklung im Klassenzimmer. Weinheim und Basel:
Beltz, 4. Aufl. 2000

Klippert, H. (^{3}2000): Planspiele. Weinheim und Basel: Beltz-Verlag

Kraft, S. (1999): Selbstgesteuertes Lernen. Problembereiche in Theorie und
Praxis. In: Zeitschrift für Pädagogik, 45. Jg./1999/Heft 6, S. 833–845.

Konrad (2001): Selbstregulative Prozesse und Wissenserwerb. Ein Vergleich
zwischen Lerntandems und Einzellernen. In: Psychologie und Erziehung
und Unterricht, 48. Jg./S. 120–134. Thurler, M. G/Schratz, M. (2002): Effizientes
Lernen als Herausforderung für Schulentwicklung. Editorial. In: Journal für
Schulentwicklung, 6. Jg./2002/H. 4, S. 4–11.

K 7: Glaubwürdigkeitsprüfung von Internetquellen

Glaubwürdigkeitsprüfung für

URL: _____

1. Wie lauten Vor- und Nachname des Verfassers/der Verfasserin?	
2. Wann wurde der Beitrag verfasst bzw. im Internet veröffentlicht?	
3. Wann wurde die Internetseite zuletzt aktualisiert?	
4. Welche Organisation oder Gruppe ist für die Internetseite verantwortlich (z.B. Interessensgruppe, Verband, staatliche Institution)?	
5. Welche Informationen sind über diese Organisation – über die Angaben auf der Internetseite hinaus – erhältlich?	
6. Welche Inhalte werden auf der Internetseite veröffentlicht (z.B. wissenschaftliche Arbeiten, Meinungen von Privatpersonen)?	
7. Ist die Domain bekannt oder leicht ermittelbar?	
8. Welche weiteren Links sind angegeben? Funktionieren die Links?	
9. Sind weitere Publikationen des Verfassers/der Verfasserin bekannt (Verlag)?	
10. Wie wirkt das Design der Internetseite (z.B. kommerziell)?	
11. Wie verhält es sich mit der inneren Qualität des Beitrags (Aktualität, Wissenschaftlichkeit, innere Logik, Ausgewogenheit)?	
Gesamteinschätzung: **Die Quelle ist glaubwürdig**	Ja ☐ ☐ ☐ ☐ ☐ Nein

ver. n. Kührt, P. (2004): Quellenkritik im Internet. Empfehlungen für Recherchen im Unterricht. In: Die Deutsche Schule. 96. Jg./2004/Heft 1, S. 85–93

K 8: Begründungen in Fußnoten zur Verwendung der »adäquaten« Sprachform: Lehrer/in oder Lehrer oder LehrerIn oder Lehrende?

① »Die Terminologie dieses Textes folgt dem Hinweis Hartmut von Hentigs (1992), daß die Begriffswörter unserer Sprache kein Geschlecht haben und ihre Deklination nur ›so tut, als ob‹ dies der Fall sei. Als ›Schüler‹ werden deshalb zumeist nicht deren wichtigste Untergruppen, die Schülerinnen und Schüler, bezeichnet, sondern jene Mitglieder der Institution Schule, deren primäre Aufgabe das dortige Lernen ist. Ebenso wird das Wort ›Lehrer‹ zumeist verwendet für jene Mitglieder der Institution, die dort lehren. Gleichwohl haben diese Begriffswörter eine Geschichte, die durchaus eine politische und somit herrschaftsbestimmte ist, gegen die allerdings das Lexikon dieses Textes nicht antritt, der – eh befrachtet mit einer umfangreichen, speziellen Begrifflichkeit und deshalb in steter Gefahr undidaktischer Wirkung – die wenig lernförderliche, weil zumindest übermäßig redundante Dauerauflistung von fast identischen Substantiven meidet. Werden im folgenden bestimmte Gruppierungen unter den Schülern und Lehrern bezeichnet bzw. wird auf die gruppengleiche Geltung von Aussagen besonderer Wert gelegt, so zeigen sich die Gruppenbezeichnungen: von Schülerinnen bzw. Schülern oder von Lehrerinnen bzw. Lehrern wird dann die Rede sein. In gleicher Weise werden auch andere Termini unserer sozialen Welt behandelt.«

Fazit: **Lehrer**
Quelle: Arnold, K.-H. (1999): Faireß bei Schulsystemvergleichen. Münster u.a.: Waxmann, S. 1

---

② »Wir verwenden teils die männliche, häufiger die weibliche Form, meinen aber immer beide Geschlechter.«

Fazit: **Lehrerin oder Lehrer** (egal)
Quelle: Kretschmer, H./Stary, J. (1998): Schulpraktikum. Eine Orientierungshilfe zum Lernen und Lehren. Frankfurt a.M.: Cornelsen Scriptor, S. 6

---

③ »Wir schreiben im folgenden ›Lehrerinnen‹, wenn Lehrer und Lehrerinnen gemeint sind, da überwiegend Frauen unterrichten.«

Fazit: **Lehrerinnen** (immer)
Quelle: Becker, G./Scholz, G. (1995): Beobachten im Schullalltag: ein Studien- und Praxisbuch. Frankfurt a.M.: Cornelsen Scriptor, S. 9

---

④ »Da wir mit diesem Buch einen informativen Studientext vorlegen möchten, meinen wir auf die redundante, gleichwohl ›politisch korrekte‹ Nennung beider Geschlechter dann verzichten zu können, wenn beide Gruppierungen gemeint sind. Mit ›Schülern‹ bezeichnen wir Schülerinnen und Schüler und mit ›Lehrern‹ Lehrerinnen und Lehrer.«

Fazit: **Lehrer**
Quelle: Arnold, K.-H./Jürgens, E. (2001): Schülerbeurteilung ohne Zensuren. Neuwied: Luchterhand, S. 2

---

⑤ »Ich verwende bisweilen nur männliche Formen, um ›Wortungetüme‹ zu vermeiden, meine das andere Geschlecht aber immer mit.«

Fazit: **Lehrer**
Quelle: Kiel, E. (2001): Grundstrukturen wissenschaftlicher Diskurstätigkeit. Beschreiben, Interpretieren, Bewerten, Erklären, Begründen, Beweisen, Rechtfertigen, Bestreiten. In: Hug, T. (Hrsg.): Einführung in das wissenschaftliche Arbeiten. Baltmannsweiler: Schneider, S. 56–68

---

⑥ »In vielen aktuellen Veröffentlichungen findet sich zu Beginn des Werkes eine kleine Fußnote, die darauf hinweist, dass bei bestimmten männlichen Substantiven, wie z.B. Jurist, Arzt oder Lehrer auch die weiblichen Personen in diesem Beruf mitgedacht seien, doch zugunsten eines besseren Leseflusses auf die Setzung ihrer spezifischen Substantive (Juristin, Ärztin, Lehrerin) verzichtet würde. Es wird damit angedeutet, dass man sich einer Problemlage bewusst ist, jedoch im Dienste des Textes ihre Lösung hintanstellt. Aus der feministischen Diskussion stammt jedoch der Hinweis, dass die Ungleichbehandlung und Ungleichbedeutung der Frau in unserer Gesellschaft auch in der Sprache zum Ausdruck kommt. Wer nicht mitgenannt wird, so ihr Vorwurf an jene, die den historischen Sprachgebrauch nicht zu verändern suchen, sei letztlich auch nicht mitgedacht und nicht mitgemeint. Friedrike Braun macht in einem Aufsatz darauf aufmerksam, dass das generische Maskulin, das stellvertretend für beide Geschlechter benutzt wird, ›nicht als neutral verstanden (wird), sondern (...) in der Mehrzahl Bilder von männlichen Personen hervor(ruft) oder (...) die Rezipierenden zu der Annahme (führt), dass die Aussage nicht für Frauen gilt.‹ (vgl. ›Das große I und seine Schwestern – eine kritische Bewertung‹ in der Zeitschrift ›Der Deutschunterricht‹ 1/96, S. 56) Sie beruft sich dabei auf Untersuchungen von Josef Klein aus dem Jahre 1988. Zwar würden, so ergänzt sie, auch bei den alternativen Formulierungen teilweise männerlastige Assoziationen festgestellt, vor allem wenn Neutralformen in männlich dominierten Kontexten verwendet werden, doch sei diese Tendenz beim Gebrauch des generischen Maskulinums signifikant stärker. Ich möchte nicht zugunsten des Leseflusses darauf verzichten, beide Geschlechter dort zu nennen, wo sie gemeint sind. Nicht nur, um entsprechend der Thematik meiner Arbeit an einer Entwicklung der Gleichberechtigung mitzuwirken, sondern auch, weil ich es für eine differenzierte Betrachtung im obigen Sinn für notwendig halte, den kleinen, aber möglicherweise feinen Unterschied durch falsche Konnotationen zu vermeiden. Weil ich jedoch in Anlehnung an Braun, nach Hellinger/Bierbach (1993) den Schreibweisen mit Klammer oder Schrägstrich den Eindruck der sekundären Nennung weiblicher Personen zuschreibe (vgl. ebd.), bemühe ich mich um Beidnennung, wo es mir möglich und sinnvoll erscheint, und bediene mich ansonsten des großen I, wo Kürze gefragt ist. (vgl. Katja Kansteiner-Schänzlin, 1999) Außerdem nenne ich alle AutorInnen, wenn ich sie erstmalig zitiere, mit ihrem vollen Namen, damit ersichtlich ist, ob die Aussage von einer Frau oder einem Mann stammt.«

Fazit: **Lehrerinnen und Lehrer wenn möglich, ansonsten LehrerInnen**
Quelle: Kansteiner-Schänzlin, K. (2002): Personalführung in der Schule. Übereinstimmungen und Unterschiede zwischen Frauen und Männern in der Schulleitung. Bad Heilbrunn: Klinkhardt, S. 13

---

⑦ »Soweit die nachfolgenden Bestimmungen Begriffe wie Bewerber, Professor, Prüfer, Vertreter, Vorsitzender und dergleichen enthalten, sind dies funktionsbezogene Beschreibungen, die gleichermaßen auf Frauen und Männer zutreffen.«

Fazit: **Lehrer**
Quelle: Verordnung des Kultusministeriums über die Künstlerische Staatsprüfung für das Lehramt an Gymnasien (Künstlerische Prüfungsordnung), §1, Abs. 3, Online: http://www.mh-freiburg.de

K 9:   Blankoraster zur Begriffsanalyse

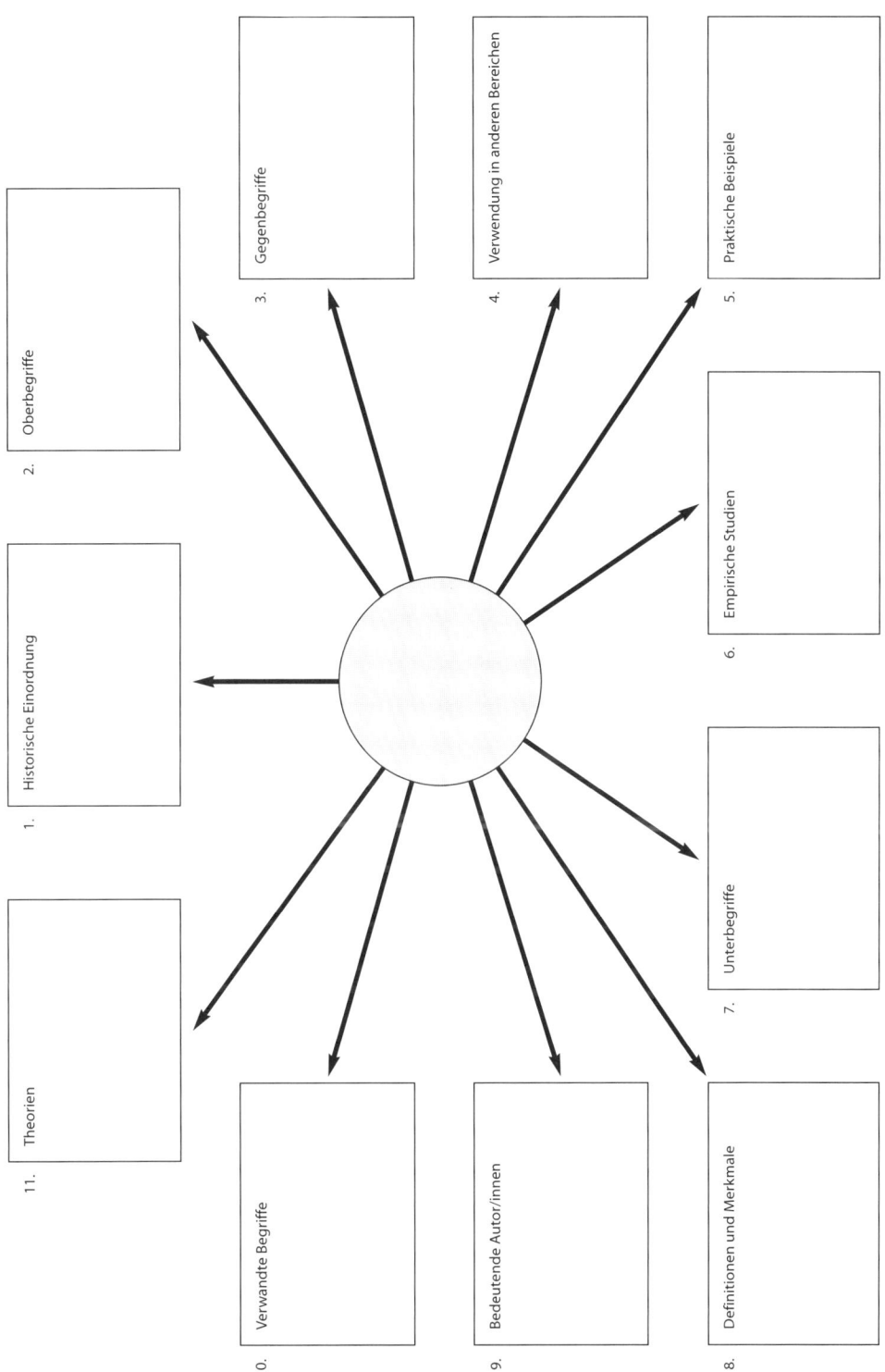

1. Historische Einordnung
2. Oberbegriffe
3. Gegenbegriffe
4. Verwendung in anderen Bereichen
5. Praktische Beispiele
6. Empirische Studien
7. Unterbegriffe
8. Definitionen und Merkmale
9. Bedeutende Autor/innen
10. Verwandte Begriffe
11. Theorien

K 10: Checkliste Hausarbeit

Inhalt		● Themaherleitung und -begründung ● Reflexionsebenen ● Zentrale Begriffe
	!	● Systematik, innere Stabilität und roter Faden
		● Anteil reproduktiver – eigenständiger Beiträge ● Reihenfolge: Beschreiben, Interpretieren, Bewerten
Gliederung		● Deckblatt ● Inhaltsverzeichnis
	Hauptteil	● Einleitung (z.B. zentrale Fragestellung, inhaltliche Einführung, Begründung und Darstellung der Vorgehensweise) ● Forschungsstand ● Abhandlung des Themas ● Schlussteil (z.B. Zusammenfassung, Fazit, offene Fragen, persönliche Einschätzung, Ausblick)
		● Literaturverzeichnis (vollständig, einheitlich) ● Anhang ● Ggf. persönliche oder eidesstattliche Erklärung
Sprache etc.		● (Neue) Rechtschreibkontrolle durchgeführt? ● Substantivierung vermeiden ● Schachtelsätze vermeiden
Layout		● Schriftgröße 12pt, Überschriften höchstens 14pt ● Ränder: rechts 3cm, links 3cm, oben und unten 2,5cm ● Dezente Visualisierungen ● Sauberer und vollständiger Ausdruck
Formaler wissenschaftlicher Anspruch		● Korrekte und einheitliche Zitation ● Konjunktiv bei fremdem Gedankengut ● Korrektes und einheitliches Literaturverzeichnis
Sonstiges		● Sauberer und vollständiger Ausdruck? ● ? ● ?

K 11: Rückmeldebogen für eine schriftliche Arbeit

(für Dozent/innen)

Verfasser/in:	
Lehrveranstaltung:	
Thema der Arbeit:	

Deckblatt

1 Anschrift/Dozent/Lehrveranstaltung/
Studiengang- und Semester/Fächer
vollständig ☐ ☐ ☐ ☐ ☐ unvollständig

Gliederung

2 vollständig (Inhaltsverzeichnis,
Einleitung, Schlussteil etc.)
zutreffend ☐ ☐ ☐ ☐ ☐ nicht zutreffend

3 sachlogisch und konsequent
(z.B. Ebenen)
zutreffend ☐ ☐ ☐ ☐ ☐ nicht zutreffend

Abhandlung des Themas

4 Fragestellung   angemessen ☐ ☐ ☐ ☐ ☐ nicht angemessen

5 Einordnung des Themas   angemessen ☐ ☐ ☐ ☐ ☐ nicht angemessen

6 Begriffe und Definition   angemessen ☐ ☐ ☐ ☐ ☐ nicht angemessen

7 roter Faden   angemessen ☐ ☐ ☐ ☐ ☐ nicht angemessen

8 Breite   angemessen ☐ ☐ ☐ ☐ ☐ nicht angemessen

9 Tiefe   angemessen ☐ ☐ ☐ ☐ ☐ nicht angemessen

10 Ergebnisse   angemessen ☐ ☐ ☐ ☐ ☐ nicht angemessen

11 Anteil reproduktiv – eigenständig   eher reproduktiv ☐ ☐ ☐ ☐ ☐ eher eigenständig

12 Ergebnisse   angemessen ☐ ☐ ☐ ☐ ☐ nicht angemessen

Formaler wissenschaftlicher Anspruch des Themas

13 Zitation   korrekt ☐ ☐ ☐ ☐ ☐ fehlerhaft

14 Literaturverzeichnis   korrekt ☐ ☐ ☐ ☐ ☐ fehlerhaft

Schreibstil

15 verständlich (z.B. Satzbau)   angemessen ☐ ☐ ☐ ☐ ☐ nicht angemessen

16 anregend   angemessen ☐ ☐ ☐ ☐ ☐ nicht angemessen

K 11: **Rückmeldebogen für eine schriftliche Arbeit** (Fortsetzung)

Darstellung und Layout			
17 Umfang	angemessen ☐ ☐ ☐ ☐ ☐ nicht angemessen		
18 Seitenlayout (z.B. Ränder, Seitenzahl)	angemessen ☐ ☐ ☐ ☐ ☐ nicht angemessen		
19 Formatvorlage (z.B. Buchstabengröße, Zeilenabstand)	angemessen ☐ ☐ ☐ ☐ ☐ nicht angemessen		

Weitere kriterienspezifische und allgemeine Hinweise

K 12:   Aufbau einer wissenschaftlichen Arbeit (z.B. Hausarbeit)

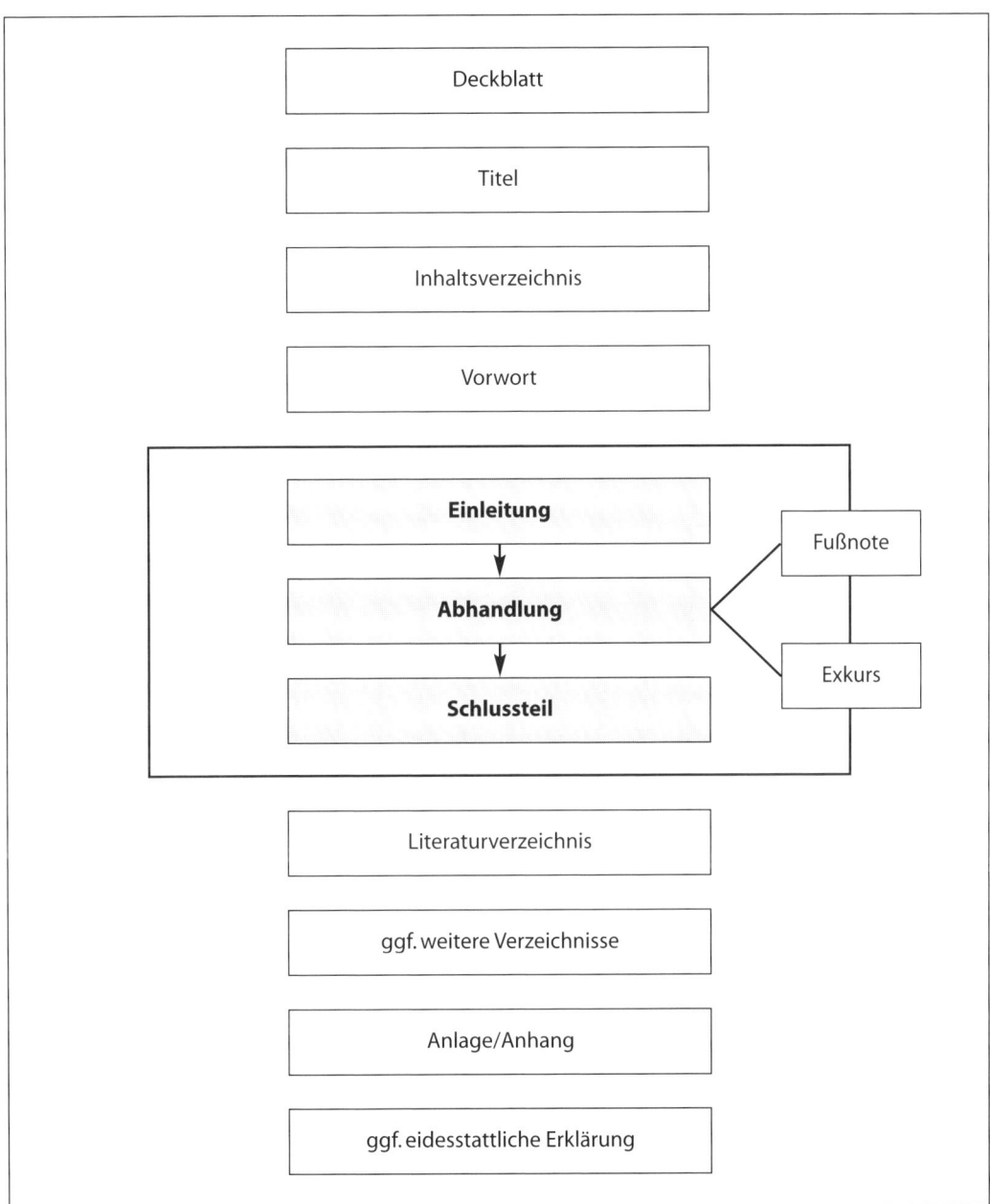

K 13:   Seitenlayout für Hausarbeiten

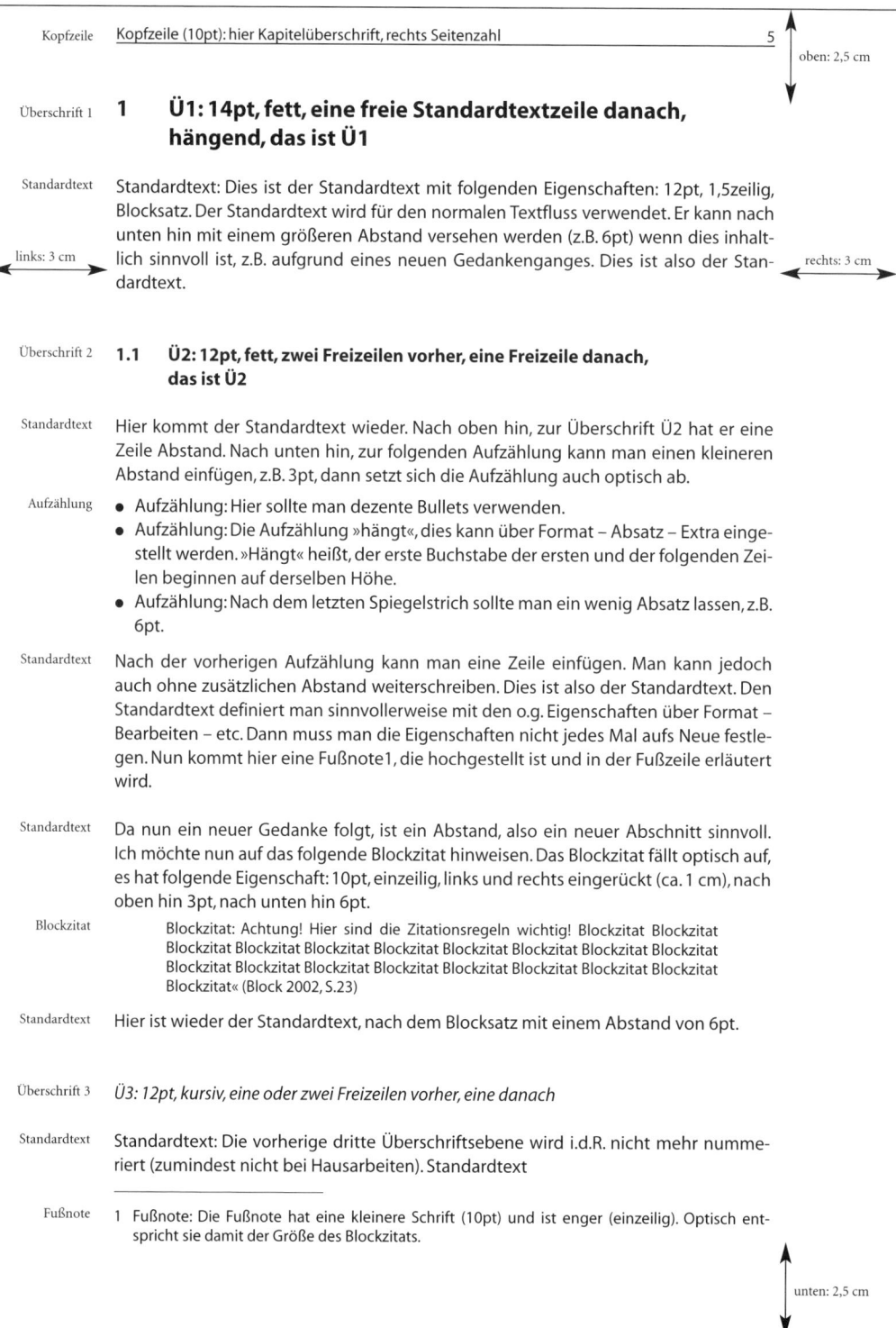

Kopfzeile

oben: 2,5 cm

Überschrift 1

1   Ü1: 14pt, fett, eine freie Standardtextzeile danach, hängend, das ist Ü1

Standardtext

Standardtext: Dies ist der Standardtext mit folgenden Eigenschaften: 12pt, 1,5zeilig, Blocksatz. Der Standardtext wird für den normalen Textfluss verwendet. Er kann nach unten hin mit einem größeren Abstand versehen werden (z.B. 6pt) wenn dies inhaltlich sinnvoll ist, z.B. aufgrund eines neuen Gedankenganges. Dies ist also der Standardtext.

links: 3 cm

rechts: 3 cm

Überschrift 2

1.1   Ü2: 12pt, fett, zwei Freizeilen vorher, eine Freizeile danach, das ist Ü2

Standardtext

Hier kommt der Standardtext wieder. Nach oben hin, zur Überschrift Ü2 hat er eine Zeile Abstand. Nach unten hin, zur folgenden Aufzählung kann man einen kleineren Abstand einfügen, z.B. 3pt, dann setzt sich die Aufzählung auch optisch ab.

Aufzählung

- Aufzählung: Hier sollte man dezente Bullets verwenden.
- Aufzählung: Die Aufzählung »hängt«, dies kann über Format – Absatz – Extra eingestellt werden. »Hängt« heißt, der erste Buchstabe der ersten und der folgenden Zeilen beginnen auf derselben Höhe.
- Aufzählung: Nach dem letzten Spiegelstrich sollte man ein wenig Absatz lassen, z.B. 6pt.

Standardtext

Nach der vorherigen Aufzählung kann man eine Zeile einfügen. Man kann jedoch auch ohne zusätzlichen Abstand weiterschreiben. Dies ist also der Standardtext. Den Standardtext definiert man sinnvollerweise mit den o.g. Eigenschaften über Format – Bearbeiten – etc. Dann muss man die Eigenschaften nicht jedes Mal aufs Neue festlegen. Nun kommt hier eine Fußnote[1], die hochgestellt ist und in der Fußzeile erläutert wird.

Standardtext

Da nun ein neuer Gedanke folgt, ist ein Abstand, also ein neuer Abschnitt sinnvoll. Ich möchte nun auf das folgende Blockzitat hinweisen. Das Blockzitat fällt optisch auf, es hat folgende Eigenschaft: 10pt, einzeilig, links und rechts eingerückt (ca. 1 cm), nach oben hin 3pt, nach unten hin 6pt.

Blockzitat

> Blockzitat: Achtung! Hier sind die Zitationsregeln wichtig! Blockzitat Blockzitat Blockzitat Blockzitat Blockzitat Blockzitat Blockzitat Blockzitat Blockzitat Blockzitat Blockzitat Blockzitat Blockzitat Blockzitat Blockzitat Blockzitat Blockzitat Blockzitat« (Block 2002, S.23)

Standardtext

Hier ist wieder der Standardtext, nach dem Blocksatz mit einem Abstand von 6pt.

Überschrift 3

Ü3: 12pt, kursiv, eine oder zwei Freizeilen vorher, eine danach

Standardtext

Standardtext: Die vorherige dritte Überschriftsebene wird i.d.R. nicht mehr nummeriert (zumindest nicht bei Hausarbeiten). Standardtext

Fußnote

1 Fußnote: Die Fußnote hat eine kleinere Schrift (10pt) und ist enger (einzeilig). Optisch entspricht sie damit der Größe des Blockzitats.

unten: 2,5 cm

K 14: Checkliste Referat

Diese Checkliste dient dem Referenten/der Referentin zur letzten Klärung vor Abschluss der Vorbereitungen.	
Raum und Medien	• Ist die Tisch- und Stuhlordnung angemessen? • Funktionieren die Geräte (Overhead, Beamer, Notebook)? • Sind die Materialien vorbereitet (Verlängerungskabel, Folien)? • Ist der Raum (einigermaßen) einladend (z.B. Tafel sauber)?
Durchführung	• Kann ich frühzeitig da sein (ruhige Vorbereitung)? • Ist mein Vortragsmanuskript sorgfältig vorbereitet? • Bei Gruppenreferat: Sind die notwendigen (inhaltlichen und organisatorischen) Absprachen getroffen? • Ist mein/unser Zeitplan realistisch (insb. teilnehmerorientierte Phasen)? Habe ich einen alternativen Verlauf eingeplant? • Beginnt das Referat (auch für mich) motivierend? • An welchen Stellen bin ich fachlich sicher/eher unsicher? Wie gehe ich damit um? • Ist gewährleistet, dass die Teilnehmer/innen die wesentlichen Inhalte verstehen? • Sind ausreichend aktive Phasen eingeplant, in denen die Teilnehmer/innen beteiligt sind? • In welchen Phasen kann ich selbst kurz nachdenken und den bisherigen Verlauf reflektieren? • Endet das Referat mit einem bewusst gesetzten Schluss?
Seminarskript (Handout)	• Alle wesentlichen Inhalte berücksichtigt? • Ist die Ausführlichkeit angemessen und einheitlich? • Sind notwendige methodische Hinweise enthalten (Übersicht über Ablauf, Fragen für Gruppenarbeit, Thesen)? • Ist das Layout überprüft (Überschriften, Ränder, Schriftgröße etc.)? • Sind Formalia aufgenommen (Kopfzeile, Gliederung, Literaturliste)? • Ist das Skript ästhetisch ansprechend und motivierend? • Ist das Skript in ausreichender Zahl kopiert? • Sind die Literaturangaben vollständig? • Sind direkte und indirekte Zitate kenntlich gemacht?

K 15:   Feedback-Bogen (Referat)

Seminar:	Datum:
Name (Referent/in):	Thema:

	+	o	–	Erläuterung (E) Beispiel (B) Verbesserungsvorschlag (V)
Inhalt				
● Fachliche Tiefe (z.B. analytische Schärfe, Begriffe)				
● Fachliche Breite (z.B. versch. Autoren)				
● Verbindung von Theorie und Praxis				
Gestaltung				
● Struktur (z.B. Einstieg, Abschluss)				
● Medieneinsatz (z.B. sinnvoll, korrekt)				
● Sprache (z.B. verständlich)				
● Besondere Ideen				
● Körpersprache (z.B. Mimik, Gestik)				
Seminarpapier				
● Gestaltung (z.B. Layout, Ästhetik)				
● Quellenangaben (z.B. Literaturangaben)				
● Fachliche Qualität (z.B. korrekt, vollständig)				

Weitere Anmerkungen:

Ort/Datum: Unterschrift:

K 16: Checkliste Protokoll

Schriftlicher Teil (i.d.R. zur Abgabe)	
Struktur	● Ist das Deckblatt vollständig (Veranstaltung, Thema etc.)? ● Sind die Literatur- und Materialangaben vollständig? ● Ist die Gliederung der Sitzung klar und detailliert?
Schriftliche Abhandlung	● Ist der inhaltliche Bezug zur vorherigen Sitzung erkennbar? ● Ist das Thema bzw. die Ausgangsfrage oder -situation der Sitzung deutlich? ● Ist der Ablauf der Sitzung vollständig dargestellt? ● Wird der inhaltliche Schwerpunkt (oder mehrere Schwerpunkte) der Sitzung deutlich? ● Ist die Systematik des Themas ausreichend dargestellt? ● Ist der Schluss der Sitzung verdeutlicht (z.B. offene Fragen, abgerundeter Schluss, abruptes Ende?) ● Welche Perspektiven können sich für die folgenden Sitzungen ergeben? ● An welcher Stelle wird eine persönliche Einschätzung deutlich? ● Welche inhaltlichen Aspekte wurden vertieft, die deutlich über das Sitzungsthema hinausgehen (z.B. bestimmte Begriffe, Klärung offener Fragen)?

Mündliche Vorstellung (i.d.R. 10-minütig in der folgenden Sitzung)	
Gestaltung	● Ist die Zeiteinteilung realistisch und den jeweiligen Teilthemen angemessen? ● Sind die notwendigen Geräte (z.B. Beamer, Overheadprojektor) und Materialien (z.B. Handout) bereitgestellt?
Inhalt	● Wird der Ablauf der vorherigen Sitzung deutlich? ● Sind die inhaltlichen Schwerpunkte des Sitzungsthemas bzw. ggf. darüber hinausführender Themen ausreichend vertieft? ● Ist das Thema angemessen abgerundet (z.B. Perspektiven, Zusammenfassung)?

K 17: Deckblatt eines Portfolios

Hochschule:	
Fakultät/Institut/Fach:	Semester:
Lehrveranstaltung:	Dozent/in:
Immatrikulations-Nr.:	Gültige Prüfungsordnung:
Name, Vorname:	Semester:
Anschrift:	E-Mail:

Die folgenden Einzelarbeiten habe ich ausgewählt:

1. Gesamteinschätzung der Lehrveranstaltung
2.
3.
4.
5.
6.
7.
8.
9.
10.

Datum:	Unterschrift Dozent/in:

K 18:   Deckblatt einer Einzelarbeit eines Portfolios

Lehrveranstaltung:
Name, Vorname:
Datum:
Titel/Thema der Einzelarbeit:

Weshalb habe ich diese Einzelarbeit ausgewählt?

Name, Vorname	Musterstudent, Thomas
Datum	Donnerstag, 09. Oktober 2003
Prüfungskommission	Meier/Meyer
Prüfungsordnung	XY
Fach	Erziehungswissenschaft/Schulpädagogik

Schwerpunktthema: Offener Unterricht

1. Historische Einordnung
   – Bezug zur sog. »reformpädagogischen Bewegung«
   – z.B. Helen Parkhurst/Maria Montessori

2. Begriffsklärung
   – Definition und Merkmale (nach Autor Z., Autorin K.)
   – methodische Umsetzungen: Freiarbeit, Wochenplanarbeit, Projekt

3. Begründungen
   – bildungstheoretisch
   – sozialisationstheoretisch
   – lerntheoretisch

4. Forschungsergebnisse
   – zur Wirksamkeit offenen Unterrichts
   – zur Verbreitung offenen Unterrichts

5. Methodisch-didaktische Aspekte
   – Planung
   – Lernumgebung und Lernmaterial
   – Lehrerrolle
   – Leistungsbeurteilung

6. Unterrichtsbeispiele
   – Freiarbeit an Realschule XY
   – Wochenplanarbeit (aus: XY)
   – eigene Erfahrungen

7. kritische Diskussion: Vor- und Nachteile

Literaturhinweise

1 Monografie
1 Sammelband (ausgewählte Kapitel)
1 Lexikonartikel
1 Zeitschriftenartikel

Name, Vorname	Musterstudent, Thomas
Datum	Donnerstag, 09. Oktober 2003
Prüfungskommission	Meier/Meyer
Prüfungsordnung	XY
Fach	Erziehungswissenschaft/Schulpädagogik

Schwerpunktthema: Die internationale Schulleistungsvergleichsstudie PISA

1. Rückblick: Entwicklungen vor PISA
   - Vorherige Studien: IEA, TIMSS
   - empirische Unterrichts- und Bildungsforschung
   - Entwicklung des Bildungswesens in Deutschland

2. PISA
   - Konzeption und Design
   - Ziel

3. Schwerpunkt 1: Mathematische Grundbildung
   - zur Untersuchung
   - Aufgabenbeispiel
   - Ergebnisse

4. Schwerpunkt 2: Bildungsbeteiligung
   - zur Untersuchung
   - ausgewählte Ergebnisse

5. Schwerpunkt 3: Finnland als Vorbild?
   - Finnland: Gesellschaft, Schulwesen …
   - Ergebnisse bei PISA aus finnischer Sicht
   - mögliche Ursachen
   - Finnland als Vorbild für Deutschland?

6. Perspektive: Notwendige Konsequenzen
   - Gesellschaft
   - Schulsystem
   - Einzelschule
   - Unterricht
   - aktuelle Reformen: Bildungsstandards, Ganztagsschulen

Literaturhinweise

1 Sammelband
5 weitere Zeitschriftenartikel und/oder Einzelkapitel

Name, Vorname	Musterstudent, Thomas
Datum	Donnerstag, 09. Oktober 2003
Prüfungskommission	Meier/Meyer
Prüfungsordnung	XY
Fach	Erziehungswissenschaft/Schulpädagogik

Schwerpunktthema: Maria Montessori

1. Biografie
   - Kindheit und Jugend
   - berufliches Wirken
   - Werke
   - Wirken in zeitgenössischer Betrachtung

2. Theoretische Grundlagen
   - Anthropologie oder Theologie?
   - kosmische Erziehung
   - der absorbierende Geist
   - sensible Phasen
   - Polarisation der Aufmerksamkeit
   - ganzheitliches Lernen

3. Methodisch-didaktische Aspekte
   - vorbereitete Umgebung
   - Selbstständigkeit
   - Rolle des Lehrers
   - Material
   - Lehrerrolle

4. Montessorischulen
   - Netzwerk und Verbreitung
   - Bericht aus einer Montessori-Schule
   - Qualifizierung: Montessori-Diplom

5. Zur aktuellen Situation
   - Untersuchungsergebnisse zur Wirksamkeit des Ansatzes
   - neuere historiographische Befunde
   - Kritik und Zustimmung

6. Ausblick: zukünftige Bedeutung

Literaturhinweise

1 Sammelband Primärliteratur
1 Sammelband Sekundärliteratur
2 weitere Zeitschriftenartikel und/oder Einzelkapitel

Name, Vorname	Musterstudent, Thomas
Datum	Donnerstag, 09. Oktober 2003
Prüfungskommission	Meier/Meyer
Prüfungsordnung	XY
Fach	Erziehungswissenschaft/Schulpädagogik

Schwerpunktthema: Die Entwicklung der Realschule

1. Zur Entwicklung des Realschulwesens (ausgewählte Stationen)
   - Ratke/Comenius: erste Entwicklungslinien
   - Semler: erste Realschule in Halle
   - Groß/Hecker: weitere Realschulen
   - Humboldt: Elementarschule, Gymnasium und Universität
   - Spilleke: Grundsätze der Realschulmethodik
   - Nationalsozialismus

2. Zur Entwicklung in der Nachkriegszeit
   - Kultusministerkonferenz 1949 und 1953
   - Deutscher Ausschuss für das Erziehungs- und Bildungswesen 1959
   - Hamburger Abkommen 1964

3. Die Entwicklung der Bildungspläne (BaWü)
   - Vorgänger heutiger Bildungspläne
   - Bildungsplan 1984
   - Bildungsplan 1994
   - Bildungsstandards 2004

4. Zur aktuellen Situation
   - das deutsche Schulwesen (Struktur, Daten)
   - Merkmale der Realschule (BaWü)
   - die Realschule im Spiegel der empirischen Bildungsforschung (z.B. PISA)

5. Brennpunkte der Realschule
   - Legitimation
   - Schulstruktur: Alternativen für Realschüler/innen
   - Gesamteinschätzung

Literaturhinweise

2 Sammelbände
2 Lexikonartikel aus unterschiedlichen Epochen
2 unterrichtsbezogene Zeitschriftenartikel

Das Lehrerstudium meistern

Marc Böhmann / Regine Schäfer /
Anja Neumann
Kursbuch Lehramtsstudium
Pädagogik kompakt – Wissenschaftlich
arbeiten – Trainingsbausteine für den
Studienalltag.
Mit Kopiervorlagen.
2004. 231 Seiten. Broschiert.
ISBN 3-407-62515-4

Alles, was eine(r) braucht, um erfolgreich das Lehramtsstudium in den Griff zu bekommen: praxisnah, motivierend und zuverlässig. Kompetente und gut aufbereitete Informationen über die wichtigsten Bereichen der Erziehungswissenschaft, über Wissenschaftliches Arbeiten bis hin zum Schulpraktikum. Mit mehr als 40 Trainingsbögen und Kopiervorlagen für alle Routinen im Studienalltag.

Eine Fundgrube für das Lehramtsstudium mit

- Basisinformationen zur Geschichte und Gegenwart des Lehrerberufs,
- Grundwissen zu allen wichtigen Bereichen der Erziehungswissenschaft,
- vielen Tipps und Hilfen zum Wissenschaftlichen Arbeiten und für das Schulpraktikum,
- einem umfangreichen Serviceteil u.a. mit kommentierten Literaturtipps und aktuellen Internetquellen,
- mehr als 40 Kopiervorlagen und Trainingsbögen für den Studienalltag.

Ein praxisnahes und motivierend geschriebenes Studien- und Arbeitsbuch für alle Lehramtsstudierenden.

 Beltz Verlag · Postfach 100154 · 69441 Weinheim

Weitere Infos und Ladenpreis: www.beltz.de

Lehr-Lernarrangements

Hanna Kiper / Wolfgang Mischke
Einführung in die
Allgemeine Didaktik
2004. 192 Seiten. Broschiert.
ISBN 3-407-25356-7

Diese Einführung in die Allgemeine Didaktik gibt nicht nur einen Überblick über vorliegende didaktische Modelle und die Lehrplantheorie sondern bündelt zudem psychologische und didaktische Überlegungen in einer integrativen Theorie. Sie wird zur Grundlage eines Nachdenkens über Basismodelle des Lernens. Die Unterscheidung von Lernprozessen verhilft dazu, über sinnvolle Lehr-Lernarrangements unter Verwendung angemessener Methoden nachzudenken. Der Band thematisiert Fragen der Unterrichtsvorbereitung und des Leitens von Schulklassen. Er schließt mit Überlegungen zum Verhältnis von Allgemeiner Didaktik und Fachdidaktik und zur Unterrichtsforschung.

Aus dem Inhalt:
- Was ist Didaktik?
- Zum didaktischen Denken
- Lehrplan, Richtlinien, Curriculum
- Theorie – Praxis – Anwendung
- Wissen und Können
- Die integrative Didaktik
- Unterrichtsvorbereitung
- Lernprozesse und Methoden
- Leiten einer Schulklasse
- Allgemeine und Fachdidaktik
- Unterrichtsforschung

BELTZ Beltz Verlag · Postfach 100154 · 69441 Weinheim

Weitere Infos und Ladenpreis: www.beltz.de

Pädagogisches Wissen von 2000 Jahren

Dietrich Benner/Jürgen Oelkers (Hrsg.)
**Historisches Wörterbuch
der Pädagogik**
Beltz Handbuch. 2004.
1.128 Seiten. Gebunden im Schuber.
ISBN 3-407-83153-6

Das erste »Historische Wörterbuch der
Pädagogik« behandelt in theorie- und
problemgeschichtlichen Analysen:
pädagogische Begriffe, pädagogische
Sachverhalte der menschlichen Existenz,
pädagogische Institutionen sowie
pädagogische und erziehungswissenschaftliche Disziplinen.

Während andere Disziplinen zuweilen
stolz darauf sind, auf eine ebenso
kurze wie erfolgreiche Wissenschaftsgeschichte zurückzublicken, muss sich
die theoretische Pädagogik wie die
Physik, die Psychologie, die Ethik und
die Metaphysik auf eine mehr als
2000 Jahre umfassende Geschichte einstellen. In Pädagogik und Erziehungswissenschaft sind begriffliche und
semantische Traditionen wirksam, die
bis auf die Antike zurückgehen und
zugleich auf eigentümliche Weise
vergessen sind.
Das »Historische Wörterbuch der Pädagogik« verfolgt das Anliegen, Grund-
begriffe und Grundprobleme der
Theorie- und Wissenschaftsgeschichte
des pädagogischen Feldes mit den
Mitteln der heutigen Forschung so
darzustellen, wie es den Bedürfnissen
einer umfassenden historischen
Orientierung entspricht. Damit verbunden ist die weitere Absicht, die sich
zuweilen als junge Disziplin (miss-)
verstehende Erziehungswissenschaft
mit den Reflexionstraditionen der
Pädagogik zu konfrontieren.

BELTZ Beltz Verlag · Postfach 100154 · 69441 Weinheim

Weitere Infos und Ladenpreis: www.beltz.de

Theorien, Methoden, Ergebnisse

Hurrelmann, Klaus;
**Einführung
in die Sozialisationstheorie**
8. Auflage 2002.
328 Seiten. Broschiert.
ISBN 3-407-25271-4

Der Autor zeichnet die wichtigsten
Theorien und Methoden der Soziali-
sationsforschung in leicht verständlicher
Form nach und stellt die wesentlichen
Untersuchungsergebnisse zur Sozialisation in Familien, Erziehungs- und Bildungssystemen, Gleichaltrigengruppen
und Medien zusammen.
Die Sozialisationstheorie ist inter-
disziplinär orientiert und verbindet
soziologische mit psychologischen und
pädagogischen Fragestellungen: Wie
wirken soziale, familiale, ökonomische,
kulturelle und ökologische Strukturen
und Kontexte auf die Bildung und
Entwicklung einer Person? Wie kann
die Lebenswelt eines Menschen so
stimuliert und gestaltet werden, dass
eine selbstständige, sozial handlungs-
fähige und zugleich kooperative
Persönlichkeit entsteht?

Aus dem Inhalt:
- Psychologische und soziologische
  Theorien der Sozialisation
- Ein umfassendes Modell: Soziali-
  sation als produktive Verarbeitung
  der äußeren und inneren Realität
- Sozialisation in Familien
- Sozialisation in Erziehungs- und
  Bildungssystemen
- Sozialisation in Gleichaltrigen-
  gruppen, Medien und Politik
- Sozialisation als Bewältigungs-
  verhalten

 Beltz Verlag · Postfach 100154 · 69441 Weinheim

Weitere Infos und Ladenpreis: www.beltz.de